新版

ゆるすということ

もう、過去にはとらわれない

ジェラルド・G・ジャンポルスキー
大内 博 訳

サンマーク出版

本書を妻であり、ソウル・メイトであり、
人生のパートナーであるダイアン・シリンシオーネに捧《ささ》げる。
想像を絶する神の愛とゆるしの力を、
私のそばで身をもって示し、教えてくれた彼女に、
愛と尊敬を込めて。

序文

この本は、あなたの人生を変えるでしょう。そんな本がどこかにあると、聞いたことがあるはずです。もしかしたら、もう読んだ人もいるかもしれません。これだけたくさんの本が出版されていても、そんな本はめったにありません。なのにまさに不思議な巡りあわせで、出合うこともあるのです。

プレゼントされるかもしれません。友だちに紹介されるかもしれません。遊びに行った家の居間のテーブルで、見かけるかもしれません。本屋をぶらぶらしているとき、タイトルが目に飛び込んでくるかもしれません。

この本がどのようにあなたの手元に届いたのかは、あなたしか知りません。しかし、私は断言します――あなたがこの本を手にしているのは、偶然ではないということを。

この本は、まちがいなく神があなたに届けてくださったものです。それが神のやり方なのです。たとえば、あなたが何かに悩んで答えや助けを求め、宇宙に呼びかけたとします。そんなとき、神はあなたに知ってほしいことを、こんなかたちで伝えてきます。

あなたがいま悩みごとをかかえているのか、何かにちょっと気づく必要があるのか、私にはわかりません。この本はいまのあなたにふさわしいと、神のほうが思ったのかもしれません。

いずれにせよ、いまあなたがこの本を手にしているのは、あるべき姿だということは疑いのない事実なのです。この本を読み終えるころには、あなたにもそれがわかるでしょう。この本を手にとった理由が、はっきりするはずです。

著者についてちょっとご紹介しましょう。私はこれまでいろいろな人に会いましたがジェラルド（ジェリー）・ジャンポルスキーは並外れた人物です。心の安らぎと愛と喜びが表情からあふれ出す、そんな人です。それは、彼の瞳《ひとみ》を見ればわかります。微笑《ほほえ》みからも感じとれます。彼はハグ（軽く抱きあうこと）が大好きですが、彼と握手し、ハグすると、安らぎと喜びと愛で全身が満たされます。私は彼を個人的に知っていて、実際にそういう体験をしています。なぜこんな話をするのかって？　著者について、あなたに知ってもらいたいからです。本書を著したのは、きわめて信頼に値する人なのです。

彼については、いまさら紹介をする必要はないかもしれません。まして、私ごときの推薦は不要でしょう。カリフォルニア州サンフランシスコ・ソーサリートのチブロンを皮切りに、世界各国に百か所以上の「生き方を変えるヒーリング・センター」を設立したことで、ジェリーは世界中の人々から感謝と称賛を浴びています。さらに、全米でベストセラーとなった『愛とは、怖《おそ》れを手ばなすこと』（邦訳：サンマーク出版）は、20世紀後半、スピリチュアルな思想を実生活に応用するうえで最も重要な一冊とされています。ジェリーがどんな人か、ぜひ知ってください。ジェリーは、これまでの彼の著作を読んだ人が想像するとおりの人です。つまり、自分の言葉を実践しているのです。

なぜいちいち書き連ねるのかとお思いですか。ジェリーが賛辞をほしがっている？　とんでもない。彼は、自分の教えが役に立つことを、身をもって示しています。だからこそ、私は彼の人となりをあなたに知ってもらいたいのです。

これはジェリーに捧《ささ》げるメッセージです。彼はいままでさまざまな困難を乗り越えてきました。ここには全部書きませんが、とにかく順風満帆とはとてもいえません。にもかかわらず、ジェリーは20年以上ものあいだ、世界に奉仕し、何百万という人々にインスピレーションを与えてきました。

何が彼を変えたのでしょうか？　それはあなたを変えることになるもの、すなわち、この本のテーマである「ゆるし」です。

一つお断りしておきます。ジェリー・ジャンポルスキーは、完璧《かんぺき》ではありません。彼を知っている人なら、みんなそういうはずです。ただ、こうもいうでしょう――ジェリーは自分が完璧でないこと、いや、誰も完璧でないことを、完璧に知っていると。そして、この気づきこそが、すばらしい癒《いや》しをもたらすのだと。

私たちはみんな人間で、まちがいは犯すし、人を傷つけたり、わがままだったり、不親切だったり、無神経だったりすることもあると、ジェリーは知っているのです。エゴと格闘し、怖れと闘い、愛のためにもがくとはどんなことか。おおらかでありたいと願いながら小さなことにこだわったり、優しくしたいのに人を傷つけたり、賢明であろうとしながら愚かな行動をとってしまうとき、どれほど深い失望を味わうか――ジェリーはよく知っています。

ジェリーは、理想どおりふるまえない瞬間を、何度も体験しています。彼のすぐれた点は、自分でも真っ先にそれを認めるところです。彼には特殊な才能があります。「あなたは完璧じゃない、それでＯＫ！」と受け入れる才能です。

ジェリー・ジャンポルスキーは、ゆるしとは何か、身をもって理解しています。理想の自分からほど遠くふるまったことを、すべてゆるせる人です。それだけでなく、他人がそんな行動をとったときも、ゆるすことができる人です。その結果、ジェリーの人生はどうなったでしょうか。心の奥底が、深い安らぎに満たされています。いわゆる「つきあいにくい人」たちにも、イライラしたり心を乱されたりせずに、接することができます。無条件の愛を、行動で示しているのです。そうすることによって、自分自身を癒し、他人を癒しています。

あなたは癒しが必要だとは思っていないかもしれません。自覚していないかもしれません。あるいは実際、癒しは必要ないのかもしれません――本当なら驚くべきことですが。というのは、心に傷を負っていない人に、私はあまり会ったことがないからです。けれど、そういう人もいるでしょう。

仮にそうだとしても、あなたには他人を癒すという仕事があります。それは、あなたがこの地球で取り組まなくてはならない本当の仕事です。私たちはみんな、お互いを癒すためにこの星に生まれました。すべての誤解、こだわり、偏見、怖れからお互いを解放し、本当の自分自身を体験するために、私たちは生まれてきたのです。私たちは、そのためのすばらしい道具も与えられています。なかでも最もすばらしい道具が、「ゆるし」です。

ゆるしは、あなたとみんなの人生に、想像しうるかぎり最高に深い、変容をもたらします。

ゆるしはすべてを変えるのです、たった一晩で！　そこがわくわくするところです――何でも変えてしまうのですから。

ゆるしは、悲しみのあるところに歓《よろこ》びを、争いのあるところに平和を、怒りのあるところに喜びをもたらします。さらに、本当の自分を取り戻させてくれます。

人生を振り返るとわかりますが、ゆるしについて語るのは、実際にゆるすよりも簡単です。ジェリーの本が私にとって重要なのは、そのためです。私はこの奇跡の道具についても、この道具が生みだす奇跡についても、もっと学びたいと思います。ゆるしに関する話を聞くだけでなく、どうやったらゆるせるのか、学びたいのです。

最後に本書について、もう一言つけ加えさせてください。この本はジェリーの真実を語っていると同時に、神のメッセージでもあります。神がジェリーを通して、語りかけているのです。ですから、この本を読むとき、あなたは神と対話しているのだということを忘れないでください。

そして、あなたが神と対話しているのは偶然でないことも、忘れないでください。

『神との対話』著者

ニール・ドナルド・ウォルシュ

謝辞

カリフォルニア州ソーサリートの「生き方を変えるヒーリング・センター」に携わる多くの方々、また妻ダイアンと私に長年にわたり、たくさんの「ゆるすということ」を教えてくださった友人たちに、心からお礼を申し上げます。

本書編集の最終段階でお手伝いくださった、旧友のハル・ジナ・ベネット博士に、深く感謝いたします。

また、執筆にあたって貴重なご意見や援助をくださり、励ましていただいたビヨンド・ワーズ出版社のシンシア・ブラック氏、リチャード・コーン氏、その他のみなさまにも、心からお礼を申し上げます。

本書で述べた考え方の一部は、『A Course in Miracles』の原則を私なりに解釈したものです。『A Course in Miracles』の言葉を意訳したところも、数か所あります。一か所は、そのまま引用しました。意訳した箇所には、（＊）をつけてあります。

引用を許可してくださった、「Foundation for Inner Peace（内なる平和のための財団）」のジュディス・スカッチ・ウィットソン氏とロバート・スカッチ氏に、心から感謝いたします。

ジェラルド・G・ジャンポルスキー

『A Course in Miracles』Foundation for Inner Peace（内なる平和のための財団）刊
（邦訳は『奇跡講座』［中央アート出版社］、『奇跡のコース』［ナチュラルスピリット］がある）

新版　ゆるすということ　目次

第1章

なぜ不幸になるのだろう？

第2章

「ゆるし」ってなに？

第3章
「ゆるさない」ということ

第4章
ゆるさない20の理由

第5章

ゆるせない理由を取りのぞく

第6章 ゆるしは奇跡を起こす……131

第7章 ゆるすためのステップ

装幀／野副さつき
編集協力／株式会社ぷれす
本文デザイン・DTP／斎藤 充（クロロス）

プロローグ

人間は、自分が「学びたい」と思っていることを、人に教えるものではないでしょうか。

私が最も学びたいのは、「ゆるし」です。この本は、まさにそのために書きました。私自身のために書いたといっていいかもしれません。本書を書くことで、裁く気持ちが苦しみをもたらすことを思い出し、ゆるすことで自由になりたいと思ったのです。

ゆるすとはどういうことか、身にしみてわかる瞬間があります。そんなとき、ゆるしは自由と幸せと希望をもたらすものだと実感します。ほかの方法では、絶対に無理です。同時に、ゆるしはこの人生でまっとうできはしないことも、承知しています。ゆるしは一回かぎりでなく、常に進行中で、終わりのないプロセスです。というのも、肉体をもって生きているかぎり、私たちは何度も裁きたくなるものだからです。

白状しますが、私も毎日つまずいています。自分や他人を裁いていることにハッとするのは、しょっちゅうです。歯を磨きながら自分を裁く日もあります。

たとえば、かなり前、ハワイにある美しいモロカイ島を訪れたときのことを思い出します。

朝早く、私がゴルフコースに沿ってジョギングしていると、ビールの空き缶が二つ、道ばたに捨ててあるのが目に飛び込んできました。これを見た瞬間、私はかっとなって、あっというまに見知らぬ誰かを裁きはじめました。

こんな美しい場所に空き缶を捨てるとは、なんて無神経なんだ——考えているうちに、ますます怒りがこみ上げてきます。

空き缶をポイ捨てして、天国のような場所をゴミ捨て場にするなんて、とんでもない大ばか者だ!

私はそんなふうに考えながら空き缶の脇《わき》を通りすぎ、滞在中のホテルのほうに走っていきました。心のなかでは、ポイ捨てをした無神経野郎に対する怒りが、どんどん膨れあがっていきました。そのとき、内なる声が私に語りかけてきたのです。

「待ちなさい。そんなふうに非を裁くよりも、戻って拾ったらどうですか」

空き缶がどのように捨てられたのかはともかく、一日中裁きながらむかむか過ごすより、まちがいを正すほうがよいのではないかというわけです。

そこで、ちょっと自問自答しました。

空き缶を拾いに戻れば、ミーティングの約束に遅れるかもしれない。5分かけて、空き缶を片づける価値はあるだろうか？

私は戻って空き缶を拾いました。その瞬間、心のむかむかが消えて、安らぎと喜びに満ちたすばらしい気持ちを味わったのです。

ホテルに向かって走っていると、若いころの記憶がどっとよみがえってきました。いつだったか、車の窓からゴミを捨てたっけ――。

私もその空き缶を捨てた人と同じように、無神経なことをしていたのです。そのとたんに、ポイ捨て批判の一部は、自分自身の罪悪感の投影であるとわかりました。空き缶を拾ってゴミ箱に捨てる行為は、天国のような島の美しさを大切にする以上の意味があったのです。私は自分を過去から解き放ち、自分を裁く気持ちから自由になることを学んだのです。

もっと深い教えは、モロカイ島にビールの空き缶を置きざりにする必要はないということでした。つまり、いつまでも裁きながらイライラしつづける必要はないのです。

さらに、裁きの思いとは、自分自身に対する裁きであることがわかりました。空き缶を捨てた人をゆるすプロセスによって、私自身、過去の行動について引きずっていた感情から解放されたのです。

その瞬間、ゆるしが癒《いや》しになるのだと、私はつくづく実感しました。ゆるすことで過去から解放され、**いまこの瞬間を百パーセント生きる喜びを味わえる**のです。

日常生活では、「ゆるしとは謝罪を受け入れること」ぐらいに考えがちです。相手をゆるす気がなくても、礼儀上「わかりました」といったりします。友人や愛する人に裏切られ、恨みつづけることで、自分を守ろうとする場合もあるかもしれません。ゆるしとは何かがわからず、苦痛をもたらすものにしがみつき、癒しをもたらすものに目をつぶることもあります。

私にとって最も受け入れにくかったのは、ゆるさないと過去の出来事にいつまでも縛られるという事実でした。しかし、恨みにしがみつけば、結局、自分自身を地獄の暗闇《くらやみ》に突き落としてしまいます。過去にこだわり、ポイ捨てを裁く気持ちをあそこで手放さなかったなら、あの空き缶はおそらく、まだモロカイ島の道ばたにあるに違いありません。そして私も自分を裁きつづけ、不愉快な思いをしていたことでしょう。

――ゆるすことで、私たちは自由になります。自分を責める心の戦争に「待った」がかかります。怒りや非難の悪循環から抜け出せます。

――ゆるしによって、自分の本当の姿がわかります。ゆるしたとき、私たちの本質は愛なのだと、体験できるのです。

――ゆるしは癒しをもたらします。あらゆる人々、そして生きとし生けるもののすべてとひとつなのだと、体験できます。

――ゆるしは自分も他人も癒します。ゆるせば自分を見る目が変わり、他人を見る目が変わります。世界観が変わります。四六時中の心の葛藤《かっとう》に、終止符を打てます。

世界中の誰もが恨みを手放したらどんなに平和になるか、想像してみてください。人種や宗教の違いのために何百年も続けてきた戦争をやめ、お互いの傷を忘れることができたら、どんな世界が生まれるでしょうか。

私は四十年以上も医師をしています。そのあいだ、腰痛、潰瘍《かいよう》、高血圧、ガンなどの患者さんが、ゆるしを学ぶことによって症状が軽減されるのを見てきました。

近年、ゆるしと健康の相関関係を示す研究が出てきましたが、実に喜ばしいことです。ゆるさないでいると、測定可能な影響が身体に及ぶことが、明らかになりました。つまり怒りや怖《おそ》れや苦しみにしがみついていると、健康を害するというのです。

怒りや怖れは緊張をつくり出し、健康を保つために必要な身体組織にマイナスの影響を与えます。血液循環が影響を受け、免疫力が下がります。心臓や脳をはじめ、ほとんどの器官に、ストレスが生じます。ゆるしは事実上、健康のバロメーターなのです。

私自身、酒におぼれていた時代を思い出します。当時の私は酒を飲むことで、自分や他人を裁くために起こる苦痛を和らげようとしていました。酒を飲んでその苦しみを忘れようとする問題の対処法は、私と周りの人すべてにとって、かえってストレスの要因になりました。当時のパターンを続けていたら、私の心と行動の葛藤は、ますます深刻になったに違いありません。おそらく、肝臓病、ガン、心臓病などの重病にかかっていたでしょう。

1975年に最初の「生き方を変えるヒーリング・センター」が設立されました。当初は難病の子どもたちがくつろげる場を提供するために始めたのですが、すぐに青少年や大人も対象になりました。

スタッフ、責任者、お世話係、ボランティアなど、センターにかかわる人たちは、『A Course in Miracles』の原則に基づき、心の安らぎによって真の健康を取り戻し、怖れを手放して癒されることを目指します。たとえ症状は好転しなくても、怒り、裏切られたという思い、不公平感、病で死に直面する怖れなどを、癒すことができます。多くの場合、ゆるすことでそのような感情から解放され、厳しい状況でも、創造的で前向きで幸せに生きられるようになるのです。

現在、世界中に120の姉妹センターがあり、「生き方を変えて癒す」という原則にのっとって、人間関係の悩みや重病をかかえる苦しみ、そして家族や社会の葛藤を、癒す活動をしています。

センターではすべてが無料で、教えの核心はゆるしです。ゆるしは、悲惨きわまりない状況にある人たちにさえ、慰めと自由をもたらします。何年ものあいだ、何千人もの人々が癒しについて語るのを聞くなかで、この小さな本は生まれました。

「生き方を変える」ことによって癒された例を、私はたくさん見てきました。

ゆるしにはたぐいまれな力があると、私は確信しています。心のあり方を変えると、どんな困難に直面しても、安らいで生きることができます。

各章の終わりのページに、「ゆるすためのヒント」を書いておきました。これは日々の瞑想《めいそう》にも使えるでしょう。カードなどに書き写して、毎日何度か眺めるのもよいでしょう。

本書がさらなる幸せと平和と自由への手がかりになれば、著者としてこれ以上の喜びはありません。たえずゆるしつづけることによって、この本を読んだあなただけでなく、周りの人たちにも大いなる喜びと平和がもたらされることを、私は固く信じています。

ゆるすためのヒント

他人をゆるせないとき、それはいままで目を背けてきたあなた自身を見ているときかもしれない。（＊）

心安らかに生きる。
ただそれだけを目標にしてもいい。（＊）

あなたを幸せにするのは、あなた。（＊）

読者のみなさんへ

To The Reader

本書を読むとき
小さなノートか日記帳を
手元に置いてみてください。
ピンときたことや
心に浮かぶ思いを
書きとめるのです。

「ゆるす」ということを考える前に、まずノートを用意して、最初のページに、ゆるせない人の名前を書いてみましょう。リストには、気が引けても絶対にゆるせない人の名前も入れてください。

誰をリストに入れるかについては、以下にあげるいくつかのパターンが参考になるでしょう。

両親、義理の両親、家族、親戚

人は誰でも、ほしいものや必要なものを親から充分もらっていないと感じながら、成長するものです。妻のダイアンと私は講演するとき、会場に来ている人に、

「親を完全にゆるしている人は手をあげてください」

とよく尋ねます。ほとんどの場合、半分以上の人は手をあげません。

感情的、精神的、肉体的、性的な虐待を親から受け、ひどく傷ついて、絶対に癒《いや》せないと思っている人もいます。また、恵まれた家庭で愛されて育ったにもかかわらず、心の傷をかかえている人もいます。

子ども時代の出来事をゆるせないと感じていても、どうしたらいいか途方にくれているとしても、漠然と悩むのは一休みして、この項目に当てはまる人の名前を書き出してみましょう。

配偶者、別れた配偶者、昔の恋人

私たちは世界中でワークショップをしていますが、離婚経験者に手をあげてもらうことがあります。そして、手をあげた人に、別れた夫や妻を完全にゆるしているかどうか尋ねます。

ゆるしていると答える人は、4分の1以下です。つまり、75パーセント以上の人は別れた配偶者をゆるしていないのです。

別れた配偶者をゆるしがたいのは、当たり前です。一度は心をゆるし、信頼しあっていた相手です。裏切られたという思い、心の痛みや傷は、非常に大きいかもしれません。

ゆるすべきでもないし絶対にゆるせないと思っていても、名前を書いてみましょう。

権威がある人

人はみな、信頼していた人に裏切られたり、傷つけられたり、嘘《うそ》をつかれたり、失望させられたり、虐待されたりした体験があります。教師、宗教指導者、養父母、専門家、役人、政治家、取引先、高級な店の店員など。

たとえば、政府の指導者はときとして人類に対し、まったくゆるしがたいことをしでかします。第二次世界大戦や、ナチスによるユダヤ人の大虐殺がそうです。

また、専門家の支援を求めてお金も払ったのに屈辱感を味わわされたり、傷つけられたりする場合もあります。人助けが本分なのにそんなしうちをするなんて、ゆるせないと感じるかもしれません。

絶対にゆるされるべきでないと思ってもそういう人たちの名前を書いてみましょう。

自分の身体

あなたは自分の身体に完全に満足していますか。それとも、見かけや自分の身体について何か不満がありますか。

遺伝の問題や、病気やケガが原因の悩みがありますか。

重病を患っていますか。

身体のせいでしたいことができないことがありますか。

老化現象に手をこまねいていると、怒りを感じますか。

少しでも当てはまれば、簡潔に書いてみましょう。

過去と現在の思考、感情、行動

みんな自分を裁いています。本当は自分でも変えたいパターンを変えられず、ゆるせないと思っているかもしれません。

ずっと昔、人を傷つけたり苦しませたりしたかもしれません。

友だちや家族とのいい関係を願って、時間やエネルギーをかけているのに、いっこうによくならないと感じているかもしれません。

仕事の腕が思うようにあがらない、目標がなかなか達成できないと感じているかもしれません。

あるいは、他人にもっと寛大であるべきだとか、何かいざこざがあったとき、すぐに裁かないでゆるすべきだと感じているかもしれません。

どんなことでもいいですから、簡単に書いてみましょう。

神、運命、高次元の存在、人生

何もかもが裏目に出ると感じるときもあるのです。

「ツキから見放されている」

「運命だからしかたがない」

「もしも神がいるなら、なぜこんなことが起きるのか」

「星回りが悪いんだよ」

などという言葉を、よく耳にします。大いなる力がはたらいていて、どうにもならないと感じることがあるのは確かです。
当てはまることは何でも書いてみましょう。

事故、犯罪、迷惑行為

自分は何もしていないのに災難がふりかかることがあります。交通事故、赤の他人に侮辱される、強盗に貴重品や大切な思い出の品を盗まれる——。

こういうこともゆるしがたいでしょう。さあ、リストに入れてみましょう。

リストを作るときの心の動き

ゆるすために、ゆるせないと思っている人のリストを完成させるのですから、さまざまな思いや疑問が浮かぶでしょう。たとえばこんなふうに。

●彼をゆるすのが怖い。彼をゆるしたら、彼がやったこともゆるすことになるのでは？　ゆるすということは、彼のふるまいに同意するのと同じでは？

●傷つけられたせいで、私の心には有刺鉄線が張りめぐらされている。私の心は石のようになってしまった。彼について考えるたびに、私はかたくなになる。この思いは、絶対に変えられない。

●仕返しをしたいという気持ちと、全部忘れてしまいたいという気持ちのはざまで、心が揺れ動く。

●なぜあんなことをしてしまったのか。自分を絶対にゆるせない。私は幸せになる価値のない人間だ。

●憎しみを手放したいのはやまやまだけど、ゆるしたら、また傷つけられそうだ……。

●恨みを手放せば幸せになるのはわかってる。でも、どうしたらゆるせるのか想像もつかない。

リストを作ろうとすると、こういう疑問や思いが浮かんできます。これらの疑問には、簡単な答えはありません。

ゆるすとはどういうことか、みなさんがじっくりと考えるきっかけとして、この本は書かれました。

恨みつらみを手放すと、どういうマイナスがあり、どういうプラスがあるのか。実践すれば、すぐにわかります。

ゆるしがあなたに何をもたらすか、このリストが力になってくれるでしょう。

ゆるすためのヒント

ゆるしとはあらゆる人のなかに神の光を見ること。
たとえ何をした人だとしても。(*)

幸せな結婚は
まずゆるしあうことから。

第1章

なぜ不幸になるのだろう?

The Roots of Unhappiness

虹の向こうに
黄金の宝物を探しているせいで
自分自身が
虹であり宝物であることが
わからなくなってしまう。
なぜ、こんな簡単なことに
気づかないのだろう？

「人はみな、幸せでいるのが、当たり前」。ほんの一瞬でいいですから、こう考えてみてください。

「生き方を変えるヒーリング・センター」では、ゆるしが活動の中心を占め、『人間の本質は愛だ』（＊）と考えています。「人間はスピリチュアルな存在で、肉体は仮の宿である」という観点から、人生を見ることを学ぶのです。人生をそう眺めると、愛と幸せは一枚のコインの裏表であることがわかります。人生にはさまざまな出来事が起こります。しかし、ゆるすことによって、どんな状況にあっても、怖《おそ》れではなく愛を、争いではなく平和を選べます。

ゆるしについて書く前に、なぜ不幸になるのか、少し考えてみましょう。不幸の原因を探れば、世の中をまるで違った目で見ることができます。まず、幸せを外に求める自分の心から、探究してみましょう。

現代社会では、お金や物を所有すれば幸せになれると考えがちです。しかし、困ったことに、お金や物は集めれば集めるほど、もっとほしくなります。どんなにたくさんお金があっても、充分だと感じることはまずありません。このような価値観で人生の方向を決めると、「いつか永久の幸せをもたらす何かを見つけられるだろう」と思い込んでしまいます。しかし、こうした幸せの探求は、多くの場合、失望、怒り、不幸、絶望という結果に終わるだけです。つまり、それではうまくいかないと教えられるのです。

虹《にじ》の向こうに黄金の宝物を探しているせいで、**自分自身が虹であり黄金の宝物である**ということが、わからなくなってしまう――なぜ、こんな簡単なことに気づけないのでしょうか。

世の中には、「私は不幸だ」とか「お金が足りない」とか、不満の種はいくらでもあります。見回せば、自分より多くの物を持ち、ずっと幸せそうな人たちがたくさんいます。そこで、魂にぽっかり空いた穴を埋めようとして、周りの人たちにすがりつき、その関係に頼ろうとします。物で幸せになろうとする話から、誰かによって幸せになろうとする話に移るのは、理論の飛躍と思われるかもしれません。しかし、これには密接な関係があります。「物があれば幸せになれる」と考えながら、同時に「周りの人のせいで幸せになれない」と考えているのですから。

「私にふさわしい人さえ見つかれば、人生はバラ色になるんだ!」と。

そうこうしているうちに、心理的な悪循環にはまってしまいます。お金も物も人間関係も幸せをもたらしてくれず、失望を味わい、不幸をかみしめます。幸せだなあと思う瞬間もありますが、それはすぐに去っていきます。人生の罠《わな》にはまったと感じるかもしれません。「だけど、ほかにどんな生き方があるのだろう」とあなたは自問します。

このように、幸せを外に求めるのは、私たちのどういう部分なのかを明らかにしてみましょう。

それは、私たちの本質は、自分の肉体と物質的特性のなかでのみかたちづくられていると信じている自分です。私たちはスピリチュアルな存在で、肉体は仮の宿だということを、せせら笑う自分です。


外面的なことに気をとられている自分を、「エゴ」と呼ぶことにしましょう。エゴは「あなたのためを思って」といって、自分を正当化します。「エゴがなくなれば、暴走するトラックの前に飛び出したり、食事をとるのを忘れたり、危険から身を守ることを忘れちゃうよ」と。エゴはまた、お金で幸せは買えないと信じている人を、「買い物が下手なだけだよ」と説得します。

エゴは繰り返し、「世の中は不公平だ」と文句をいいます。だから、いつも警戒していないとひどい目に遭うというわけです。私たちが「私はひどい目に遭っている」と考えれば、エゴは大喜びです。なぜなら、そう考えることで、力がすべてエゴに集まるのですから。逆に「私には選択権がある」と信じると、エゴにとっては最悪の事態です。自分は犠牲者でないと考える自由がある、怖れでなく愛を選べる、恨みや不平や裁く気持ちにしがみつくのをやめ、ゆるすことができる……などと考えられては、エゴは困ってしまいます。

エゴが幸せ、愛、心の安らぎを敵と見なすのは、なぜでしょうか。心がそんな状態にあるとき、私たちは本来のスピリチュアルな自分自身を体験するからです。エゴが飾りたてて見せる世界とは、違った世界です。愛の目で世界を見れば、ゆるしは簡単なことです。ずっと探してきた答えはゆるしにあるのであって、エゴがいうように外の何かを信じることにあるのではないと、はっきりわかるからです。

最悪の場合には、エゴのこんなささやきが聞こえます。

「ずっと幸せでいるなんて不可能だ。だから、本当に長いあいだ続く幸せがほしいなら、物質的な現実に頼らなきゃだめだよ」。しかし、やがてすべてがバラバラに崩れます。必ず何かがおかしくなります。誰かが、あるいは何かが、私たちの幸せのじゃまをするに違いありません。だから、そんなときに備えて、悪者を探しておく必要があります。エゴは「さあ、欠点を探せ」と忠告します。そうすれば、私たちは常に正しく、まちがっているのは常に他人であることが、保証されるからです。

つきつめると、幸せか不幸せかは、どの程度エゴの声に耳を傾けるかで決まります。他人を裁いたり、恨みつづけたり、非難する気持ちや罪悪感にしがみついている自分を想像してください。そんなときは愛も安らぎも幸せもどこかにいってしまいます。不幸せな気持ちでいっぱいになり、幸せでないのは誰のせいだとか、この状況のせいだとか、夢中であら探しを始めます。

ゆるしはあなたが変わるためのプロセスです。本当の幸せは自分の外にあるという思い込みは、ほんの一瞬で手放せます。心のもち方をちょっと変えるだけでいいのです。

「犠牲者としてふるまい、守りを固めないと、もっと傷つくよ」とエゴはいいます。しかし、ちょっと見方を変えるだけで、自分が不幸せなのは他人や状況のせいだと考えずにすむのです。自分はスピリチュアルな存在だと認めれば、それこそが愛と平和と幸せをもたらしてきたものなのだと、すぐにわかります。これは、いつでもどこでもどんなときでも可能です。しかも、もちろん、お金もいりません。

いま、あなたがどんな信念をもっていようと、どんな過去があろうと、どんなにひどく他人に接してこようと、年齢に関係なく、誰もがゆるしを学べるのです。

ゆるしのお手本――ハッピーの人生

数年前、妻のダイアンと私は、アンドレア・ハッピー・デ・ノベックという女性と出会いました。きっかけは、「あなたたちに絵をプレゼントしたがっている女性がいる」という、風変わりなスイスからの電話でした。その女性は当時93歳で、元気はつらつとしていました。彼女は財産のほとんどを慈善団体に寄付していましたが、死ぬ前に整理しなければならないものが一つ残っていました。それは、13世紀に描かれたイエス・キリストの絵でした。

アンドレアは、自分の死後、この絵を誰に渡すべきか思いあぐね、山で瞑想《めいそう》しました。するとたちまち「愛とは、怖れを手ばなすこと」というメッセージがやってきたのです。『愛とは、怖れを手ばなすこと』は、愛を感じられないのはなぜかをテーマにした、私の本です。絵はジェリー・ジャンポルスキーに渡すべきだ、と彼女は決意しました。それで、アンドレアは友人に頼んで、私たちに電話してきたのです。

アンドレアは未亡人になって数年もすると、変わり者の憎たらしいおばあちゃんになっていたそうです。人と仲よくできず、挑発的で、すぐに口論をしかけてばかり。そんな彼女が85歳のとき、友人から『愛とは、怖れを手ばなすこと』をプレゼントされたのです。

アンドレアは毎日この本を読んだといいます。まもなく、昔、自分を傷つけたと感じていた人を、一人ひとりゆるしはじめました。愛情のない行動をとって人を苦しめてきた自分もゆるしました。彼女の人生は奇跡的な変貌《へんぼう》を遂げました。世間に恨みを抱いた風変わりなおばあちゃんはいなくなり、彼女はいままで知らなかった自由と喜びを体験するようになりました。そして、この大変身のお祝いに、自分の名前をハッピーと変えたのです。

ハッピーと会うまでは知りませんでしたが、彼女は『愛とは、怖れを手ばなすこと』のフランス語版の出版に尽力してくれたのでした。

ハッピーの大変身の話を聞いて、ダイアンと私は彼女のもとを訪れることにしました。中東を訪問する予定があったので、ついでにスイスに寄り、この非凡な女性と会うことができたのです。彼女は、フランスの雑誌の表紙を飾った、ハンググライダーに乗ってフランスの田園の上空を飛んでいる写真を見せてくれました。当時、彼女は88歳。そしてまだ物足りないとばかりに、91歳で複葉機に乗り、曲芸飛行を楽しんだというのです。

ダイアンと私は、ジュネーブの彼女の家で楽しい三日間を過ごしました。ハッピーはこれ以上ないほど、名前にふさわしく生きていました。彼女ほど幸せで、安らいでいて、愛情深い人に、私はそれまで会ったことがありませんでした。

このようなプラスの変化をどうやってつくり出したのかと尋ねると、彼女は、**「裁くことをすべてやめただけよ」**と答えました。

私たちは新年を一緒に迎え、元日に別れを告げました。彼女がくれた絵はダイアンがカリフォルニアに持ち帰り、私は友人と会うために中東に行きました。その三週間後、電話で、ハッピーが眠っているあいだに安らかに息を引き取ったと知らされました。まさしくハッピーが予言していたとおりに。

ゆるすことで大変身を遂げたハッピーの人生について、私はいまでもよく考えます。この喜びのかたまりのような女性に会えたことを、私はとても感謝しています。彼女はダイアンと私にとって永遠に、最もすばらしいゆるしのお手本でありつづけるでしょう。そして、どんなに年をとっていても**「変わるのに遅すぎることはない」**と、思い出させてくれるでしょう。

ゆるすと奇跡が起きる

この章の最後に、イッタ・ハルバースタムとジュディス・レベンサルの『小さな奇跡・日常生活のなかの信じがたい偶然の一致』("Small Miracles: Extraordinary Coincidences from Everyday Life" 邦訳未刊）という本から、一つの物語を紹介しましょう。この物語は、ゆるしのプロセスをわかりやすく説明してくれます。

ジョーイというユダヤ人の若者が、19歳で家を離れ、一族が信じてきたユダヤ教に背を向けました。父親は「心を入れ替えなければ勘当だ！」と、とても怒りました。

しかし、ジョーイは改心せず、父と子は断絶したのです。息子は自分探しのため、世界を放浪しました。そして、素敵な女性と恋に落ち、しばらくのあいだは人生の意味と目的を見つけたと感じていました。数年後、彼はインドの喫茶店で、郷里の旧友とばったり会いました。ひととき一緒に過ごしたあと、友人がいいました。

「親父《おやじ》さん、先月亡くなったんだってね。ご愁傷さまでした」

ジョーイは驚きのあまり、絶句しました。父の死を知らなかったのです。ジョーイは家に帰り、ユダヤ人としての自分のルーツを再び探りはじめました。当時のガールフレンドはユダヤ人でしたが、彼女はユダヤの伝統とは訣別《けつべつ》したいと思っていたため、別れることになりました。

家にしばらくとどまったあと、ジョーイはエルサレムに行き、「嘆きの壁」の前に立ちました。ジョーイは亡き父に手紙を書きました。父への愛を言葉に表し、ゆるしを請いたいと思ったのです。手紙を書き終え、それを丸めて壁の穴の一つに入れました。すると、その穴から丸められた一枚の手紙が足元に落ちたのです。好奇心にかられてその手紙を広げると、筆跡に見覚えがあります。なんと、それはジョーイの父が書いた手紙でした。息子を勘当したことについて神にゆるしを請い、ジョーイに対する深い無条件の愛を書き連ねていたのです。

ジョーイは雷に打たれたように、呆然《ぼうぜん》と立ちつくしました。こんなことがありうるのか。偶然の一致では片づけられません。奇跡でした。

信じられませんが、父親が書いた手紙が目の前にあります。夢でないことは明らかでした。

それからジョーイは熱心にユダヤ教を学びはじめました。二年後、ジョーイはアメリカに戻り、ある日、友人でもあるラビ（ユダヤ教の宗教的指導者）に夕食に招かれました。そしてその夜、ラビの家で数年前に彼のもとを去ったかつてのガールフレンドと再会したのです。彼女もまた、ユダヤ人のルーツに立ち返っていました。

もちろん、まもなく二人はめでたく結婚しました。

ゆるしが過去の苦しみを洗い流してくれたという話を、私たちはよく耳にします。見方を変えるだけで奇跡が起こり、愛を見えなくしている障壁が取りのぞかれるというのは、そう簡単に信じられないのかもしれません。

しかし、ジョーイの話は、ゆるしのプロセスは死をも超越するのだと教えてくれます。それはまるで、あんなにも深い悲しみをもたらした現実がさっと消え、愛が現れたかのようです。しかも、その愛は常にそこにあったのであり、これからも永遠にありつづけるのです。

ゆるすためのヒント

ゆるさないと決めれば
苦しみを味わうだけ。（＊）

裁くのをやめる。
それだけで、幸せになれる。（＊）

ゆるしは癒《いや》しの特効薬。（＊）

第2章

「ゆるし」ってなに？

What Is Forgiveness?

「いかに生きるべきか」と
お説教するのをやめ
ただ愛し
ただゆるせば
みんなと穏やかにつきあえる。

愛とスピリットを中心に考えれば、**ゆるしとは過去の傷を喜んで手放すこと**です。つまり、これ以上苦しむのをやめ、心と魂を癒《いや》そうと決めることです。憎しみや怒りには価値があるという考えを、手放すことです。すべては過ぎ去ったことなのですから、自分に何かが起こったからといって人や自分を傷つけるのはやめることです。人を裁いたり責めたりせず、目を開いて、その人のなかに光を見いだすことです。

ゆるしとは、同情、優しさ、親切、思いやりを感じることです。

私たちがどんな状況にあろうと、こういった感情というのは、いつも私たちの心のなかにあります。ゆるしは、内なる安らぎと、幸せに続く道です。そう、魂へと続く道なのです。

安らぎは、手に入れようと思えばいつでも手に入れることができ、どんなときも私たちを迎え入れてくれます。ただ、怒りにこだわっていると、その歓迎のしるしが見えなくなるのです。

なのに、どういうわけか、私たちのなかには、憎しみや怒りや苦痛にしがみついたままでも、安らぎを得られると思い込んでいる自分がいます。自分を守らなければならないと考え、いつまでも憎みつづけ、復讐《ふくしゅう》しようとしながらも、幸せや安らぎを感じたがる自分です。

「私は傷つけられたのだから、愛を言葉にしたり、態度に表すなんてだめだ。愛は出し惜しみしなくっちゃ」

と、この自分は主張します。

ゆるしの道を歩む

ゆるしは旅にたとえられます。怒りが怒りを呼ぶ世界から、平和な世界へと向かう旅です。この旅の向こうには、スピリチュアルな自分がいます。神の心が、待っているのです。それは、無限で無条件の愛に満ちた、新しい世界です。ゆるすことで、心にある望みのすべてがかないます。怖《おそ》れや怒りが苦痛から解放され、自分があらゆる生命やスピリチュアルな源とひとつなのだと、実感できます。

ゆるしは、暗闇《くらやみ》を抜けて光にいたる道です。私たちはゆるすためにこの地上に生まれたのであり、ゆるすことによって自分が世界を照らす光なのだとわかります。ゆるせば、過去の影から自由になれます。それが自分の影であれ、他人の影であれ。

私たちは、怖れや怒りという檻《おり》の中に、心を閉じ込めてきました。ゆるしはその監獄の扉を開け放ちます。どうしようもない過去を変えたいという思い込みや願望からも、自由にしてくれます。

恨みという傷は、ゆるすことで浄化され、癒されます。神の愛は実在するのだと、ふいにわかります。実在するのは愛だけで、ほかには何もありません。神の愛という現実のなかでは、ゆるすべきものさえないのです。

『A Course in Miracles』に、ゆるしについての美しい文章があります。ゆるすことでどんな恵みが得られるかを見事に描写していますから、紹介しましょう。


「ゆるせば、すべての望みがかなう」


ゆるすことで手に入らない望みなど、あるだろうか。

あなたは安らぎがほしいか。ゆるせば、安らげるだろう。幸せになりたいか。静かな心でいたいか。はっきりした目的がほしいか。この世を超越した価値と美を感じたいか。護《まも》られ、安全でありたいか。いつも純粋なあたたかさに包まれていたいか。乱されることのない静けさ、絶対に傷つけられることのない優しさ、深く続く慰め、決して妨げられることのない完全な休息がほしいか。

ゆるすことで、これらすべて、いやそれ以上のものが手に入る。ゆるせば、目覚めのとき、目はきらきらと輝き、新しい一日は喜びに満ちたものとなる。ゆるしは、あなたが眠っているあいだに額を愛撫《あいぶ》し、まぶたにそっととどまって、悪夢を見ないように護ってくれる。そして再び目を覚ませば、幸せと安らぎに満ちた一日が始まるのだ。こうしたすべて、いやそれ以上のものが、ゆるすことで可能になる。（＊）

（『A Course in Miracles』ワークブック・レッスン122より）

ゆるすためのヒント

ゆるしとは、後悔をすべて手放すこと。(＊)

愛とゆるしは奇跡をもたらす。(＊)

「ゆるそう」という心が、ゆるしへの鍵。(＊)

第3章

「ゆるさない」ということ

The Unforgiving Mind

副作用がある薬を
あえて使う人はいないだろう。
しかし、たいていの場合
私たちは心に浮かべる思いを
吟味しないし
思いが肉体を毒しかねないことに
気づかない。

第1章で、私たちの心のなかには、「私たちの本質は自分の肉体と物質的特性のなかでのみかたちづくられた存在だ」と考える自分がいると述べました。この自分は、「物をたくさん所有すればするほど、幸せになれる」と考えます。つまり、物質が幸せをもたらすと考えているのです。

それは、「ぴったりの相手さえ見つかれば」バラ色の人生が広がる、と考える自分でもあります。あるいは、「うまくいかないなら、誰かを責めるか、周囲のせいにするのがいちばんんだ」と……。そんな自分を、「エゴ」と呼ぶことにしました。

「エゴには独自の価値体系がある」と考えるとわかりやすいでしょう。エゴの価値体系を受け入れてもいいし、それがいやなら別の世界観を探せばいいのです。

もちろん、エゴが私たちの一部であることを忘れてはなりません。怖《おそ》れてふるえているエゴをはっきり見きわめれば見きわめるほど、自由で愛と平和に満ちた人生を選べます。

エゴの思考体系は、怖れと罪と過ちに基づくといえます。そこで、エゴの原則に従えば、必ず争いに巻き込まれます。幸せも心の安らぎも、消えてしまうのです。

そんな性質があるのですから、エゴが「ゆるしなんて信じない」というのは、驚くにあたりません。それどころか、エゴはありとあらゆる手段を使って、「ゆるせる人なんて一人もいない」と私たちを説得にかかります。さらに、「自分自身だってゆるせない」ともいうでしょう。「人間は絶対にゆるされないことをしている」という信念に、エゴは必死でしがみついています。

エゴはいつも「自分を守らなければいけない」と信じていて、私たちにも箇

単にわかる感情をかき立てて訴えます。たとえば、「ゆるさない」と決めている
エゴは、まずこう説得します。

「ずっとつらかったでしょう？　これ以上傷つけられないためには、怒りと憎しみで相手を罰するしかない。相手とは距離を置いて、悪かったと思わせなくっちゃ」

エゴはまた、

「自分を傷つけたり脅かしたりした人をゆるすなんてどうかしている！　ばかげているよ！」

と、感情を通して、主張します。それでも足りないときには、

「あいつとあいつのせいで、ひどい目に遭ったじゃないか。ゆるすなんてとんでもない。怒って当然と考えている人が、ほかにもたくさんいるよ」

と、エゴの信念を思い出させようとするのです。

もちろん、エゴはなかなか利口です。誰を証人に選んだらいいかわかっていて、エゴの考えに完全に同意する証人しか選びません。私はいま、スピリチュアルな人生を送っていますが、アルコール依存症のころ、つまりエゴに支配されていたころといまでは、つきあう人たちがずいぶん違います。

エゴは矛盾をいっぱいかかえ込んでいます。たとえば、私たちが怒りを手放さずに他人を罰していると、結局自分自身も檻《おり》の中に閉じ込められるという事実を、エゴは必死で隠しています。

エゴには秘密が、もう一つあります。それは、**「ゆるさないという思いは、心に穴を空ける」**ということです。

ゆるさないでいると、喪失感や悲しみを味わい、安らぎや愛が感じられなくなるだけでなく、人づきあいができなくなり、人間どうしのスピリチュアルな絆《きずな》も断たれてしまうのです。

あなたが神を信じているなら、エゴは、

「神さまは怒りっぽく、すぐに天罰を下す」

と、熱心に説くでしょう。

「あなたはまちがったことをしたり、〝悪い〟考えをもつことがあるね。だから、きっと天罰が下るよ」

とか、

「神さまなんて当てにならないよ」

というかもしれません。エゴは繰り返し、

「神さまが誰でも無条件に愛しているなんて、でっち上げの幻想だ。そんなくだらない考えにしがみついているあいだは、ばかをみるだけだ」

と、語りかけます。

神はものすごく怒っていて、すぐにでも人の命を奪い、地震や竜巻を起こしてたくさんの人を殺したり、家を破壊したりする――エゴはそう信じさせようとします。そしてさらに、それらはまちがった行動や思いに対する天罰なのだ、と信じさせるのです。

「絶対にゆるさない」といいはるエゴには、怖れ、悲惨、痛み、苦しみ、絶望、倦怠《けんたい》、疑いが、いっぱい詰まっています。エゴはまちがいを罪と見なし、絶対に忘れてはならないと考えているのです。

否定的な思いは、病気を引き起こす

医師が患者に薬を処方するときは、副作用に注意するものです。「健康管理は自分に責任がある」という考え方が広まりつつあるいまでは、ほとんどの人たちが自分自身で情報を集めています。不平不満がもたらす重荷や不快感から自由になりたいなら、私たちは、身体に服用する薬に注意するように、心に浮かべる思いにも注意しなければなりません。「ゆるさない」という思いには、幸せを妨げるという強力な副作用があります。以下のリストは、ゆるさないでいると起こりうる症状の、ごく一部です。

- 頭痛
- 腰痛
- 首の痛み
- 胃炎や潰瘍《かいよう》
- 憂鬱《ゆううつ》
- 元気が出ない

・焦燥感
・イライラする
・緊張、不安感
・不眠症、落ち着かない
・漠然とした恐怖
・不幸せな気持ち

毒薬を飲む人はいませんが、心にどんな思いを浮かべるかについては、薬ほど気にとめられていないようです。では、解毒剤は何でしょうか。リストのたくさんの症状の原因となっている思いを癒《いや》す、特効薬は何でしょう。そう、ゆるしです。ゆるしは驚くほど奇跡的に癒しをもたらし、そんな症状をすべて消し去るのです。

ゆるすためのヒント

ゆるさないと考え、怒りや憎しみにしがみついているとき、人は自分がとらわれの身であることに気づけない。（＊）

他人をゆるすことは、自分をゆるす第一歩。（＊）

ゆるすと免疫力が高まる。

第4章

ゆるさない
20の理由

The Top Twenty Reasons
Why We Don't Forgive

私たちはいつも
選ばなければならない。
愛に従うか
エゴに従うか。(*)

エゴの声に耳を傾けると、ゆるすのは難しくなります。エゴは、

「傷つけた人を罰したり、愛さないようにするのは、当たり前」

といいます。

ゆるすのが難しいのは、私たちの心には強情なエゴがいて、

「愛するより憎んだほうがいいし、安全だ」

と説得しようとしているからです。

大切なのは、エゴを敵にまわしたり、その忠告に振りまわされたりしないことです。同時に、エゴに従うと道を誤るということも、よくわかっていなければなりません。エゴは休むことなく、私たちを説得しつづけます。怖《おそ》れと葛藤《かっとう》と不幸を基準にした価値体系にしがみつき、

「愛を表現するなんて狂ってる」

といいはります。

私はエゴの意見には反対です。私たちが狂うのは、愛を感じてそれを表現することを自分に禁じたときだけだと思うのです。

でも実際、ストレスが大きいとき、物事が思うようにいかないときには、エゴの声が無視できなくなり、「ゆるしてはいけない」という暗黙のメッセージが、私たちの心につきまとってきます。

私たちはいつも、選ばなければなりません。

『私たちは愛に従うことも、エゴに従うこともできます』（＊）

ではどうすれば、エゴの声を聞きわけられるでしょうか。エゴの声は、常に怖れから出ています。

そして、その声に耳を傾けると、心は安らぎや落ち着きを失ってしまいます。なぜならゆるせない理由が数えきれないほど聞こえてくるからです。

『ゆるさずに、苦しんだり心の安らぎを失うのは自分のほうだということが、エゴがいいつのる理由のせいで、わからなくなってしまいます』（＊）

そこで、エゴが考える「ゆるしてはいけない20の理由」を、次にあげてみましょう。

①そいつはあなたをひどく傷つけた。あなたは怒って当然だし、そいつを愛するのをやめて当然だ。どんな罰を下してもいい。
②ばかいうな。ゆるしたら、そいつは同じことを繰り返すだけだ。
③ゆるすとしたら、それはあなたが弱いからだ。
④そいつをゆるせば、相手が正しくてあなたがまちがっていると認めるのと同じだ。
⑤ゆるすなんて考えるのは、自分を大事にできない人だけだ。

⑥ゆるさなければ、そいつをコントロールしつづけられる。コントロールしていれば安全だ。
⑦絶対にゆるさなければ、傷つけられた人に近づかずにすむ。
⑧ゆるすのは延期したほうがいい。仕返しができ、気分がいいから。
⑨簡単にゆるさなければ、自分を傷つけた人を支配できる。
⑩傷つけた人間をゆるすなんて、お人よしのばかがすることだ。
⑪ゆるせば不安になるだけだ。
⑫ゆるせば、そいつがやったこと（してくれなかったこと）に同意したことになる。
⑬ゆるすとは、過ちを大目に見ることにほかならない。
⑭誠実に謝るなら少しはゆるしてもいいが、百パーセントゆるすわけにはいかない。

⑮ゆるしたりしたら、神さまから天罰が下るぞ。
⑯この際はっきりいうが、悪いのはいつも相手だ。ゆるすなんてとんでもない。
⑰「他人の性格を嫌いになるのは、自分にも当てはまる性格だからだ」――そんな言葉を信じてはいけない。
⑱「他人の行動をゆるせないのは、自分も前に同じようなことをしていて、それがゆるせないからだ」――そんな話も信じてはいけない。
⑲あんなひどい行動をゆるしたら、自分もそれをやったやつと同じぐらい悪人になってしまう。
⑳「無実の罪で傷つけられたりしないよう、神または高次元の存在が、守ってくれる」なんて信じているとしたら、ゆるしすぎて頭がいかれてしまったしるしだ。

エゴの声を聞きわける

いまあげたエゴの20の言葉を、ゆっくり吟味しましょう。そのうちに、こういう考えが浮かんだとき、「ああ、これはエゴの声だな」とわかるようになります。そして二つの選択肢があることに気づくはずです。エゴに従うか、それとも愛、つまりゆるしに従うか。

次からの章で、この声を上手に聞きわける方法を探りましょう。

ゆるすためのヒント

ゆるせば、つらい過去から自由になる。（＊）

完全にゆるすか、まったくゆるさないか、
道は二つに一つ。（＊）

ゆるすためには、怒りと苦しみのすべてを
神さまにゆだねること。（＊）

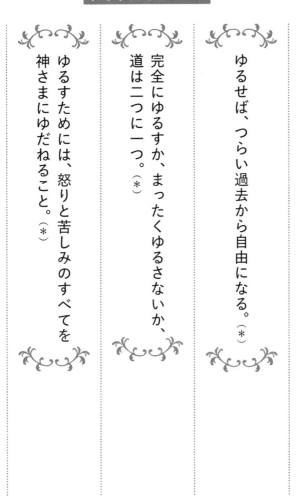

第5章

ゆるせない理由を取りのぞく

Removing the Obstacles to Forgiveness

心に浮かべる思いは
選択できる。(*)

新聞やテレビを見ると、世界中のショッキングなニュースが目に飛び込んできます。どこか遠くだけでなく、裏庭のように身近な場所でも、ショッキングな出来事が起きています。なかには絶対にゆるせないこともある、そう思うのも当然かもしれません。「私も過去に絶対ゆるされないようなことをしてしまった」と、感じているかもしれません。けれど、**「地上での破壊と苦痛の悪循環を止められるのは、ゆるししかない」**というメッセージは、厳然たる真実です。

まず価値観を変える

ゆるしの大切さ、つまり自分自身を含めてすべての人をゆるす大切さを学ぶには、価値観を変えなくてはなりません。手始めに、〝うまくいかないときは何かのせいにしなければ気がすまない〟という、エゴの考え方を捨てるのがいいでしょう。

『自分や他人を責める代わりに、愛に身をゆだねる』（＊）という、新しい価値観を取り入れるのです。

そのためには、人間観そのものを変えることです。エゴは、私たちを肉体だけの存在と思っています。「私たちはスピリチュアルな存在で、肉体は仮の宿だ」とは考えません。自分を単なる肉体ではなく、永遠のスピリチュアルな存在と見なせるようになれば、ゆるしの大切さは簡単にわかります。

人生を振り返ればわかりますが、心の安らぎを味わえないのは、自分や他人をゆるす大切さに気づこうとしないからです。私は、過去を恥じ、罪悪感を抱いてはそれを否定し、腹を立てるという、いわば感情のアリ地獄に落ちていました。ずいぶん長いあいだ、自分は犠牲者だと思い込んでいたのです。不幸せなのは、世間や他人のせいだと思っていました。

1975年に『A Course in Miracles』と出合ってから、私はスピリチュアルな人生を送るようになりました。その本を読んで、自分と世界をどう見るかについて、大きな変化が起こったのです。私はいまでも、『A Course in Miracles』で勉強しながら、「過去の信念を手放す」ということを学びつづけています。

そして私は、こう確信しています。つまり、本当に幸せになり、心に安らぎを感じるためには、ゆるしの大切さと、自分や他人を愛することの大切さを知る必要があるのだ、と。

人生がうまくいかないとき、他人を責めたり状況のせいにしたりするのをやめなくては人は幸せにはなれません。誰かを責めても、仕返ししても、罰を下しても、幸せにはなれないのです。ゆるさなければ、求めているものは得られません。怒りや心の傷、恨みつらみ、そして心のなかの争いや他人との争いという悪循環を止めるのは、自分自身だけなのです。

私たちの一人ひとりが、自分ででっち上げた「ゆるさない理由」を取りのぞき、自分や他人をゆるしたとき、私たちは癒《いや》され、喜びにあふれ、心が安らかになるのです。

ゆるさない理由を一つずつ取りのぞいていく

怖《おそ》れ、恥、責める気持ちを乗り越える――最初に克服しなければならない障害は、価値観を変えたくないという思いです。

『ゆるしをじゃますする最大の障害は、愛でなく怖れに基づく価値観』(*)です。この障害を乗り越えるためには、すべての人は愛に満ちているか、恐怖におびえて愛を求めているかのどちらかだと考えるといいでしょう。すると、他人の行動に善悪の判断を下さずにすみます。攻撃されたと身がまえる代わりに、相手は恐怖におびえて愛を求めているると考えるのです。

白状すると、私は若いころ、こういう見方はできませんでした。みんなそうかもしれませんが、私の周りには身をもってゆるしを教えてくれる人はあまりいませんでした。そこで、ゆるしが何をもたらすか、そしてどんなに大切かといった自覚がほとんどないまま、大人になったのです。

子どものころに教えられた「ゆるし」は、宗教的な概念にすぎず、私の実生活とどんな関係があるのか、見当もつきませんでした。実際にゆるすとはどういうことか、教えてもらった記憶もありません。

二十代になるころには、私は自分や他人を攻撃し、侮辱する名人になっていました。周りには、そんな態度に同調する人が山ほどいました。当時は、エゴが私の自動操縦桿《かん》を握っていて、攻撃されたと思ったとたん相手に立ち向かいました。そうなってしまえば、相手は気の毒なものでした。私はあっというまに戦闘態勢に入ったのです。

人生で学んだことを人に伝えるには、自分の体験を分かちあうという方法が最も効果的ではないかと思います。私はつらかったときのこと、また、その後のさまざまな出来事について振り返るたびに、心を開いておく大切さ、そして不可能なことなど絶対にないと信じることの大切さを、あらためてかみしめます。

そこで、私の離婚体験について、お話ししたいと思います。

怖れではなく、愛に従う

1973年、私は最初の妻のパットと離婚しました。結婚二十年後の破綻《はたん》でした。私はまるで感情のアリ地獄に落ちたようでした。苦痛、恥、怒り、非難、欲求不満にからめとられ、のたうちまわったのです。もう永久に自由になれないと感じました。離婚経験がある人には、私が何をいわんとしているか、わかってもらえると思います。

私は罪悪感、憎しみ、自責の念に打ちのめされ、疲れ果てました。アルコールに救いを求め、やがてアルコール依存症になり、いつも自殺の誘惑にかられていました。そんなつらい時期、私は「パットとのあいだの傷ついた関係を癒すことは絶対にできない」と考えていました。想像すら、できなかったのです。

当時の私は、無神論者でした。神の存在を信じなくなって、長い時間がたっていました。スピリチュアルな人生を送るようになるなんて、パットと私がいつか友だちになるのと同じくらい、ありそうもない話でした。

そんな1975年、私は『A Course in Miracles』で学びはじめたのです。しだいに、価値観が変わりはじめました。人を責めたり、罪悪感を抱いたり、恥ずかしいと思ったりしていた気持ちが、だんだん消えていったのです。まもなく、自分とパットを、まったく新しい目で見ている自分に気づきました。自分の考えや行動のすべてに、責任をとるようになったのです。

私は毎日、パットをこの新しい光から見るように努力しました。悪者探しをせず、自分をゆるし、別れたパットをゆるせるようにと、神に助けを求めました。心の安らぎと神の平和だけを目標に、一日を始めました。すると予想もできなかったことですが、奇跡のように、パットとのあいだにあったしこりが、だんだん消えていったのです。

パットは一年後に再婚し、シアトルに引っ越しました。しばらくして、私はシアトルのオペラハウスで講演しました。パットと彼女の父親、そして再婚相手が、講演を聴きに来てくれました。

翌朝、私たちは一緒に朝食をとりました。パットは「あなたの講演、すばらしかったわ」といってくれました。結婚していたころと比べて、私たちの人生はなんと大きな変化を遂げたことでしょう。

私はサンフランシスコに戻ってから、会う人みんなに**「ゆるしって万能薬だよ」**と話したものです。それから半年後、パットと再婚相手が、私が住むチブロンに引っ越してくると聞きました。

私は最初、「まいった」と思いました。五百マイル離れているかぎり、パットと自分をゆるすことは簡単でした。しかし、スーパーでしょっちゅう顔を合わせたりしたらどうなるだろうと、心配になったのです。

それからの数年、ゆるしというのは日々選択すべきものなのだと、実感させられました。うれしいことに、パットと私はいま、本当に親しい友人です。過去の憎しみはもうありません。パットがもう一度結婚したとき、私は結婚式の写真撮影、妻のダイアンはビデオ撮影を頼まれたくらいですから。もちろん喜んで引き受けました。

写真を撮りながら私は、ゆるしが私たちみんなの人生に奇跡をもたらしたことに、深く感謝したものです。

ものの見方には、自分のクセがある

私たちは人間ですから、人生を自分流に解釈しています。たとえば、私たちは過去の出来事すべてについて、すばらしい記憶をもっています。生まれたその日から、いや生まれる前のことだって、覚えているかもしれません。子どものころに恐ろしい思いをしたり傷つけられたりしたら、記憶に残るだけでなく、それにこだわって現在や未来を裁く傾向すらあります。

心は映写機のようなものです。過去の思い出は、私たちがスクリーンに投影するイメージです。私たちは、いま話している相手に、過去の記憶を投影します。心が映しだすのが罪悪感や怒りなら、それをいまの状況に投影することになります。責められているように感じるか、相手に苛立《いらだ》たされているとみるかは、自分が何を知覚し、何を投影しているかで決まります。

人間ならものの見方に過去が反映されるのは当然ですが、エゴは思うぞんぶん自分の都合に合わせて、この投影作用を利用します。私たちが他人に投影していることすべてが真実であり、現実なのだと、エゴは説得にかかるのです。

その結果、私たちは他人や状況のせいでいやな思いをしているのだと、信じ込んでしまいます。どんな体験をするかは心に浮かべる思いによって決まるという事実を、エゴは、隠そうとします。

「ものの見方や自分の信念には過去が投影されている」と認めるのは、気が進まないかもしれません。しかし、いったん認めれば、エゴと愛のどちらに基づいて生きるか、選択できます。エゴが投影を利用していることがわかれば、私たちは変われるのです。感情にこだわるか、それとも手放すか、決定できるようになります。

息子たちが幼かったころ、私はよく「ちゃんと部屋を片づけなさい」と叱《しか》ったものです。

何年もたってから、私自身の仕事場が大変に乱雑だということに気づきました。仕事場が散らかっているといい気分はしないのですが、私はそれに気づかないようにしてきたのです。その代わりとして、エゴは私に「イライラするのは、息子たちの部屋がめちゃくちゃだからだ」とささやいたのでした。

別れたパートナーをゆるす

数年前、ガン病棟の看護師さんのためのワークショップを開いたことがあります。

まず、大きなゴミ箱を想像してもらい、その中に怒りや罪悪感をすべて入れてもらいました。ゴミ箱がいっぱいになったところで、私は尋ねました。

「その感情を手放したいですか。あなた自身や、あなたを傷つけた人を、ゆるす準備ができましたか？」

続けて、私はいいました。

「準備ができたら、ヘリウムの入った巨大な風船を想像してください。風船にゴミ箱をつないで、手を離します。すると、ゴミ箱は風船と一緒にゆっくりと上がっていきます。どんどん上がり、やがて空のかなたに消えていくのを見届けてください」

ワークショップの参加者のほとんどが、このワークをやってみました。しかし、一人の看護師さんは会場の後ろに立ち、ただ眺めていたのです。私はほかの参加者の世話をしていたため、そのことに気づきませんでした。しかし彼女は、休憩時間に私のところに駆け寄り、こう打ち明けてくれました。

「ワークが始まったとき、実は私は〝怒りも罪悪感も、ぜんぜんないわ〟と思いました。だから、ただみんなを眺めていようとしたんです。けれど、そのとき突然、別れた夫を思い出しました。あの最低男！——私を捨て、若い女に走ったんですよ。それで、ワークをやったんです。彼の首根っこをつかまえて、ゴミ箱に投げ捨てました。それからあなたにいわれたとおり、ゴミ箱に風船を結んで手を離して、空に消えていくのを見送りました。その瞬間、首根っこでポンとはじける音がしました。とたんに、離婚後ずっと続いていた首の痛みがとれて……」

彼女はさらにいいました。

「ゴミ箱に捨てたのは、本当は前の夫じゃなく、彼の行動に対する私の怒りなんだってわかりました。私はもう、夫のことで首を痛くしたりしないわ」

彼女は、ついに自分の怒りに気づいたので、もう、他人に投影する必要がなくなったのでした。

過去と未来をコントロールする

ゆるすためには、「過去の出来事は必ずまた繰り返される」という思い込みを克服して、心の準備をしなくてはなりません。

私たちは攻撃されると、恐怖のあまり守りの態勢をとります。そして、その後何年たっても、当時の恐怖心に縛られ、またいつか同じように攻撃されるかもしれないと考えます。エゴは「他人を信じちゃだめだ、また攻撃されるよ」

とささやきます。恐ろしい過去にこだわり、同じ出来事が繰り返されるに違いないと思っているのです。エゴは、「過去がつらかったから、未来もつらいはずだ」と信じ込んでいます。

「過去の出来事は繰り返される」というエゴの思い込みのせいで、私たちの心には、怖れ、責める心、罪悪感、ゆるしたくないという思いが、たえず生じてきます。すると、人間関係が築けなくなり、本当の自分を見失い、愛や神の存在を実感できなくなります。

ゆるさないという思いは、苦しみをもたらし、さまざまな症状を引き起こします。ストレスに関する精神生理学の研究によれば、心に抱く思いや感情は、おうおうにして肉体的な症状や情緒障害というかたちで表れます。不安、鬱《うつ》、動揺、自己否定、頭痛、肩こり、腹痛、免疫力が低下して病気やアレルギーになりやすくなる、など。

否定的な感情によって自分の体を痛めるのは、そろそろやめにしませんか。

裁く気持ちや絶対にゆるせないという思いは、ストレスになって肉体を痛めつけ、内臓の病気だけでなくさまざまな心身症を引き起こします。ゆるさないでいると、健康に明らかな悪影響が及ぶのです。

病気になったら、ゆるさないでいることが癒しを妨げているのではないか、とチェックするのが賢い対処法です。

いつまでもゆるせないと思っていると、苦しくなるのは自分なのですが、私たちはいつもそう考えられるわけではありません。

エゴは「ゆるさないことで、自分を傷つけた人を罰しているんだ」といいますが、実際は傷つくのは自分だけなのです。苦痛、怖れ、不安、病気は、すべてエゴの大好物であることを忘れてはなりません。エゴが嫌いなのは、平和、愛、幸せ、健康です。

エゴは頑固におなじみの武器にしがみつき、

「ちょっとだけならゆるしてもいいけれど、完全にゆるすのは絶対だめだ」

といいます。たとえば、親戚《しんせき》のハリーおじさんがディナーパーティーで下品なジョークをとばしたとしましょう。ちょっとならゆるしてもいいけれど、無礼だったことを完全にはゆるしていないと思い知らせるため、誕生日カードを贈るのはやめます。

また、エゴは「ゆるしてもいいけれど、何が何でも自分が正しい」といいはって、ゆるそうという気持ちをじゃますることもあります。たとえば、ハリーおじさんには、こういうでしょう。

「いざこざを起こしたくないから、あなたのことはゆるしましょう。けれど、おじさんの行動は問題ですから、今後はそのつもりでおつきあいさせていただきます」

私たちは、「恨みつづけないと危険な目に遭う」というエゴの声を信じがちです。問題は、この種の否定的なエネルギーが心のなかでどんどん大きくなっていき、いずれブーメランのように自分に戻ってくることです。

『何を考え、何を信じるかで人生が決まるということを、忘れてはなりません』（＊）

なぜゆるすのかといえば、自分を過去から自由にするためです。他人への恨みつらみから、自分を自由にするためです。ゆるすと危険な目に遭うどころか、いまこの瞬間を、より生き生きと生きられるようになります。そして、いまこの瞬間が安らぎに満ちていれば、安らかな気持ちで未来を見ることができます。すると、安らかな現在がそのまま未来へと続き、安らかな現在が安らかな未来になります。不幸にも、多くの人たちは、怖れに満ちた過去が怖れに満ちた未来になる、というふうに生きています。私たちの信念が、「事態は悪くなるいっぽう」という現実をつくっているのです。

罪悪感を手放す

1981年にダイアンと出会ったとき、私は『ゆるしの法則（Good-bye To Guilt）』（サンマーク出版刊）という本を執筆中でした。そこで、友だちみんなに、最も罪悪感を抱いていることは何か、質問していました。

ダイアンに同じ質問をすると、彼女は「罪悪感なんてないわ」と答えました。けれどその日、彼女は亡くなった父親について話しはじめ、罪悪感、怒り、ゆるしたくないという思いを押し殺していたことに、気づいたのです。

彼女の父親は、家族に暴力をふるいました。彼女は一度も殴られませんでしたが、「こんな父親はいやだ」と思った自分に、罪悪感をもっていました。また、自分は一度も殴られていないのに、家族が殴られたことにも、罪悪感をもっていました。父親の行動に怒りを覚えていたのに、その怒りを押し込めて、私と話したその日まで、心の引き出しにしまい込んでいたのです。

その後一週間のうちに、ダイアンのなかでさまざまな思い出がよみがえりました。子どものころ、家族の仲裁役を務めていたことも思い出しました。彼女は、誰も傷つかず、みんな仲よく暮らせるように気を配るあまり、自分の感情を抑えつけていたのです。

ため込んでいた感情を解放したダイアンは、ゆるすにはどうしたらいいのか、高次元の存在に導きを求めました。ある日、彼女はインスピレーションを受け、父親への手紙を書きました。

彼女の承諾を得たので、その手紙をご紹介しましょう。

お父さん、もしもあなたと歩けたら

お父さん、
もしも一瞬、死を超えることができたなら
あなたとともに歩き、あなたの歩みを感じながら
私の心は慰められるでしょう

一日の終わり
八月の太陽が沈んでいくとき
仕事に疲れ
毎日のあれこれに疲れたお父さん

そんなあなたの、ささやかな楽しみ
私から見たら
本当につまらない気晴らし
なのに一日の終わりに
それは私の心を自由にしてくれた

あなたが育てた花、そして庭
あなたはカラカラに乾いた土に
生命を与えた
あなたの大事な小鳥、そしてその翼
神さまが創った、飛ぶいのち

私たちはほとんど話さなかった
お互い心を開くことも
お父さん、もしあなたと歩けるなら
私は心から打ち明けます
私にはまったく理解できなかった
あなたの怒りが
あなたの苛立ちが
あなたの苦しみが
でも、そんな混乱のただなかで
私は恵みだけをいただきました

なぜならあなたは

私を心の旅に向かわせてくれたから
生きる意味を
愛の意味を、そして人生の意味を
求め、探し出す旅に
私はあなたの後ろ姿から学びました
そして私はあなたの心から
旅の答えをたくさん受け取りました
あなた自身は理解できなかったとはいえ

あなたは黙って
私を世話し、看護し
導いてくれました

あなたの心と手によって
私のスピリットは
かたちづくられたのです

私はかよわい繭《まゆ》のなかで
争いごとから守られて
心の声に耳を澄まし
いのちの意味を知りました

ですから、お父さん、今宵《こよい》ともに歩きながら
私はあなたに私の心を差しだします
私たちの絆《きずな》は、もう決して

悲しいものにはならないでしょう

なぜって、過去はもう時のかなた
私は過去にさよならしたのですから
お父さんも私も、お互い
せいいっぱいだったとわかっていますから

そして私は心のなかで
丘のいただきに立ち
あなたに手を振ります
時空の旅人であるあなたに

光に包まれ
愛と安らぎとゆるしに満ちた
あなたの家族と出会うために
あなたにいつも豊かな恵みがありますように

ダイアンはこの詩を書き、父親へのわだかまりについて語りながら、ゆるしは一瞬のうちに癒しをもたらし、それは死をも超えると気づきました。ゆるすことで過去の傷が消え、それまで心の奥に押し込めていた、愛情に満ちた思い出だけが残ったのです。

ダイアンの体験からは、ゆるしには力があるだけでなく、すでに亡くなった人との関係も癒せることがわかります。

ダイアンはワークショップや講演で、この詩と父親との体験を何度も話しています。その後、たくさんの人がダイアンのそばに来て、「父親との関係を癒す勇気をもらいました」と、打ち明けてくれました。

ゆるし、癒すための方法

ダイアンの体験から、ゆるしたり人間関係を癒したりするとき、言葉にして書きとめることがとても役立つとわかります。詩を書いたり、親しい人への手紙を書いたり、日記をつけたり、投函《とうかん》しない手紙を傷つけられた人あてに書くなどという方法で、苦しくても向きあわなければならない感情を表現できます。

あなたの心には、まだ恐怖にふるえる子どもが住んでいるかもしれません。ゆるすことで、その子どもは深く癒され、あなたの愛を再び信じられるようになります。子ども時代の写真を、目につくところに置くのもいいでしょう。鏡に貼《は》ったり机の上に置いたりして、毎日眺め、怖れおののいているその子を愛するうちに、その子は喜びと愛に満ちた大人に成長することでしょう。

ゆるすためのヒント

ゆるせば、思うぞんぶん愛することができる。

犠牲者としてふるまうのをやめれば、簡単にゆるせる。

ゆるすとは、一度や二度ではなくゆるしつづけること。

第6章

ゆるしは
奇跡を起こす

Miracles of Forgiveness

ゆるしは幸せに続く道。
そして、苦痛を消す
いちばんの近道。(*)

前章のダイアンの話から、気づいたとたんに心のもちようが変わるとわかります。私たちは怒りを、他人や自分から隠そうとしがちなので、このことを自覚するのは大切です。

隠された怒りがあると、なかなかゆるせなくなります。しかも、ゆるさないでいると、苦しみにさいなまれ、いつもぴりぴりして、人間関係がぎくしゃくし、体調が悪くなります。

この章では、過去の恨みを自覚し、その恨みを手放した例を取り上げます。みなさんがこれらの体験にインスピレーションを受けて、ゆるしによって過去を手放せるように願っています。

宗教による傷を癒す

子どものころのつらい体験から、宗教や神を毛嫌いするようになった人は、世界中にたくさんいます。アメリカ文化では、神は非難ごうごうで、ほとんどあらゆることについて責任をとらされているようです。

保険会社の方針にも、それは表れています。保険会社は、「神の行為」つまり、洪水、地震、ハリケーン、竜巻、落雷による山火事などによって生じた損害や負傷については、補償しません。

悪いことを神のせいにするのは、そろそろやめにしませんか？

私は最近、「信仰を取り戻しつつあるカトリック教徒」と名乗るご婦人と、食事をしました。彼女は孤児院で育ってひどくつらい思いをし、いまだに大きな怒りを抱いていました。彼女は、そこで受けた虐待について、こと細かにえんえんと語ったのです。

彼女は成人してから自分が、苦しみ、自らを哀れみながら、犠牲者としてふるまいつづけていることに気づきました。母親に捨てられたという怒りの牢獄《ろうごく》に、自分が閉じ込められていると気づいたのです。

怒りは彼女を守るどころか、彼女をとらわれの身とし、過去を繰り返し体験させていました。彼女は「宗教」や「神」のせいで苦しんでいるのだと考え、それらの言葉を耳にするたびに怒りを感じていたそうです。

しかし、彼女は二年ほど前から、スピリチュアルな生き方を探りはじめていました。そして、見捨てられ虐待されたという感覚を、宗教や神のせいにしているのだと、少しずつ気づいていったのです。自覚すればするほど、**自分を苦しめているのは自分自身だ**ということが、はっきりしてきました。

彼女は、ゆるしがたきをゆるしたのです。そして、過去の苦しみや怒りから、毎日少しずつ解放されていきました。いま、彼女の目には、以前にはなかった輝きがあります。彼女は生まれて初めて、幸せと喜びを味わいはじめました。親や教会を責めなくなりました。自らを檻《おり》の中に閉じ込めてきた、苦しい考え方を手放したのです。

しかし、誤解してはいけません。彼女は両親の行為や孤児院で受けた虐待を、認めたのではありません。彼らの行動が正しいというわけでは、決してありません。ただ、「自分を苦しめているのは自分の考えだ」と、とうとう気づいたというわけです。

ゆるしは文字どおり、彼女に自由への道を指し示してくれました。

同じような体験をしている人は、たくさんいます。過去の恨みを手放すと、神とのスピリチュアルな絆《きずな》を実感して心が安らぐだけでなく、昔のように神を慕えるようになります。

残念なことに、神や宗教と闘いつづけ、怒りでいっぱいの人生を送り、何も信じられない人もいます。

もし、あなたに自分や他人を責めたい気持ちがあるなら、それは「過去の出来事を恨んでいますね。でも、もうゆるして前進するときですよ」という合図です。神についての誤った考え方をゆるし、神を非難しなくなると、新しい展望が開けて、自己実現ができるようになります。

亡くなった人たちをゆるす

身近な人や愛する人が亡くなると、さまざまな感情が洪水のように押し寄せてくるものです。ある人の肉体が失われたとき、あなたははてしない悲しみを感じるかもしれません。失ったという事実を認めたくないあまり、何か月も何年も、涙をこらえるかもしれません。

愛する人が長く苦しい闘病生活ののちに亡くなった場合、家族や友人はほっと安堵《あんど》することがあります。すると、エゴはさっそく、

「なんて悪いやつなんだ。〝いい人〟なら、人が死んだとき、ほっとしたりしない」

といいます。

また、愛する人を失うと、意識的にせよ無意識にせよ、神やこの世に怒りを覚えることがあります。すると、エゴは、

「怒るなんて、悪いやつだ」

というかもしれません。

私はハワイで、ミニーという素敵な女性に会ったことがあります。彼女は、

「私は81歳で、この二年間ずっと泣きっぱなしです」

と、私にいいました。彼女は絶望し、見捨てられたように感じていました。息子さんが45歳で亡くなってから、泣きどおしだというのです。

彼女は私のワークショップに来る一週間前、カウンセラーに、

「そろそろ泣くのはやめて、人生を生きるべきです」

といわれたそうです。

それを聞いたとたん、私の心にミニーに告げるべき言葉が浮かびました。私はまず、

「私は医者です」

と告げ、

「医者として処方箋《せん》を書きましょう」と申し出たのです。

彼女の表情はぱっと明るくなり、何度もうなずきました。私は紙を取り出し、「思うぞんぶん、いつまでも、死ぬまで泣いてよろしい」と書きました。そして署名して、その紙を彼女に渡したのです。

彼女は満面に輝くような笑みを浮かべました。私は、彼女を助けられるとしたら、そうやって無条件に彼女を受け入れるしかないと思ったのでした。彼女はありのままの姿で、愛されるに値するのです。私は、「死をどう悼むべきか、どう直面すべきかについて、決まりはないんですよ」とも、いいました。

人間関係で生じる問題の多くは、私たちが相手に一定の決まりに従ってほしいと期待するのが原因です。ですから、そんな決まりを破ることが、幸せになるコツなのです。

ミニーはこの処方箋を読んで、だいぶ気が楽になったようでした。

そこで私が、

「あなたは、想像力は豊かなほうですか」

と尋ねると、

「はい」

という答えが返ってきました。


そのときは休憩時間で、部屋にちょうど45歳ぐらいの男性がいました。亡くなった息子さんと同じ年ごろです。私は、ブラッドというその男性に、

「しばらくのあいだ、ミニーの息子さんのフランクリンとしてふるまってくれませんか」

と頼みました。ブラッドは喜んで応じてくれました。

それから、私はミニーにこう説明しました。

「十分間、フランクリンがブラッドの体に宿っていると想像してください。思いのたけを全部、フランクリンにいうのです。フランクリンも答えてくれますから」

ミニーがうなずいたところで、私は、

「フランクリンがあなたより先に亡くなったことで、腹を立てていますか」

と尋ねました。彼女はしばらく考えて、

「もちろんです」

と答えました。そしてどんなふうに怒っているか、泣きながら話しはじめたのです。

私はブラッドに、何と答えればいいか、前もって指示しておきました。彼すなわちフランクリンは、

「ぼくは元気だ。スピリットとして、いつも母さんのそばにいるよ。肉体がな

くても、心は通いあうんだ」

と、ミニーに告げました。さらに、こうもいいました。

「神やすべての生命とひとつになったときは、喜びしか存在しないよ」

そして、

「母さんは、望めばいつでも、神ともぼくともひとつになれる。だから、ひとりぼっちになることは絶対にない」

と、きっぱりいいきったのです。

この言葉を聞いたとたん、ミニーは泣きやみました。そして顔を息子の胸に押しつけ、しばらくしてから、こういったのです。

「私より先に死んだことを、ゆるしてあげるわ」

ミニーの身体に宿っていた悲しみのエネルギーは、まったくどこかへ行ってしまいました。まさに肩の重荷が下りた感じで、軽やかになり、自然な微笑が浮かびました。

　一時間ほどしてから、ミニーは私のもとにやってきて、

「泣きたい気持ちは、なくなりました」

　といいました。私は、

「それはすばらしい。でも、泣きたくなったら、泣きたいだけ泣いていいんですよ」

　と答えました。

　その日の午後にワークショップが終わると、ミニーはまたやってきて、

「ジェリー、あなたはダンスが好きだって聞いたけど、本当？」

　と尋ねました。

「ええ、大好きです」

　と私がそう答えると、ミニーはいたずらっぽい笑みを浮かべて、

「近いうちにダンスパーティーがあるのだけれど、一緒に行きませんか」と誘ってくれたのです。

私は喜んでこの招待に応じ、とても楽しいひとときを過ごしました。

このエピソードは、ゆるしの力のすばらしさを示すだけではなく、**「与えることとは受け取ること」**という真実も、明らかにしています。

職場でのゆるし

職場での人間関係は、雇う側にとっても雇われる側にとっても、難しい問題があるものです。嫉妬《しっと》、リストラの不安、本音がいえないなど、さまざまです。

職場の人間関係のせいで、病気になることもあります。それは、他人に対する怒りを自分に向け、自分を攻撃するようなものです。

もし職場の人間関係で問題が生じたときには、私が「記憶を消す霊薬」と名づけたワークをやってみてはいかがでしょうか。

まず、いやなことを十分間忘れさせてくれる薬を手に入れたと想像します。そして、この特別な薬を水に入れて、一気に飲み干します。薬が効いている十分間は、過去のいやな出来事はすべて忘れて、愛の記憶しか残りません。

愛の記憶だけを意識すると、たいていの人は心が静かになり、いまこの瞬間を百パーセント生きられるようになります。

どんな状況にあっても、ゆるせば心が安らぐのだということを、忘れないでください。さらに、ゆるしはあなたの望みをすべてかなえてくれます。

ゆるしは一種の霊薬で、あなたを完全な存在にし、神の心へと導き入れて、創造主とひとつにするのです。

どうにもならない災害をゆるす

1989年、サンフランシスコ大地震で、多くの人たちが住む家を失いました。家を失ったある一家は、サンフランシスコ湾の反対側のオークランドに新しく居を構えました。ところが数年後、その家も山火事で全焼したのです。

こういう体験をすれば、誰もが被害者意識にとりつかれて、自己憐憫《れんびん》の泥沼に陥ってしまうかもしれません。しかし、この一家は違いました。彼らはまず、これらの体験によって生じた感情を受け入れ、そのうえで出来事のすべてをゆるしました。なぜそんなことが起きたのかは説明できないと認め、被害者意識にとらわれることなく、新しい一歩を踏みだしたのです。

毎週、世界のどこかで自然災害が生じ、多くの人たちが厳しい状況に直面します。被害者意識にとらわれ、一生恨みながら生きていく人も多いかもしれません。では、先ほどの家族は、どのようにして癒《いや》されたのでしょうか。

彼らはまず、「なぜ」という疑問が無意味だと気づきました。答えは永久に謎のままかもしれません。災害から立ち直るには、「なぜ」ではなく「何」を考えなくてはなりません。

この状況から「何」を学べるだろう。前進するためには「何」をすればいいだろう。この体験を将来の教訓にするならそれは「何」だろう……。

とても貧しい国で自然災害が起これば、着の身着のままで、わずかな食物しかない人たちも出てくるでしょう。彼らはそんな状況で生命の大切さを知り、いちばん大切なものは家族や友人の愛だと、痛感するのです。

国の犯罪をゆるす

エジプトのサダト大統領、マハトマ・ガンディー、マーチン・ルーサー・キング・ジュニア、ネルソン・マンデラなどの伝記を読むと、彼らが牢獄でどのようにゆるしへの道を見つけたかがわかります。彼らはまず、自分に恨み、怒り、復讐《ふくしゅう》といった感情があることを認め、尊重しました。

しかし、出獄後はゆるすことによって、こうした感情を積極的な行動に変え、現状を変革したのです。

歴史が証明するように、ゆるすということは、彼らを牢獄にぶち込んだ人々のやり方に同意することではありません。彼らは、怖《おそ》れや怒りや深い恨みを抱いていると、心そのものが牢獄になってしまうと、気づいたのです。そして、そのような感情を乗り越えて、信条に基づき、社会改革活動への第一歩を踏みだしたのでした。

私の親友、ヘンリー・ランドワースは、第二次世界大戦中にアウシュビッツなど各地の強制収容所で囚人として暮らしました。彼は、彼自身と何百万人ものユダヤ人に対して残虐非道だった人々を絶対にゆるせない、と考えていました。しかし、ヘンリーの心は変わることになります。

彼は強制収容所で生き地獄を体験しました。何度も餓死しかけました。戦後アメリカに移住したとき、彼はドイツ政府を憎みきっていました。憎しみは一生消えないだろうと、思っていたのです。彼の両親はナチ政権に殺されていました。

彼はアメリカで事業を始めて大成功をおさめ、「ギブ・キッズ・ザ・ワールド（子どもに世界をプレゼントしよう）」という慈善団体を設立しました。そこでは難病にかかった子どもたちを、フロリダ州オーランドのディズニー・ワールドに連れていくという活動をしています。そして、毎年七千人の子どもたちが対象になっています。「ギブ・キッズ・ザ・ワールド」は、多くの子どもたちに、天国のような体験をプレゼントしているのです。

「戦時中に残虐非道だったドイツ兵を憎むあまり、ぼく自身が死にかけていた」

と、ヘンリーはいいます。けれど、「ギブ・キッズ・ザ・ワールド」の活動で子どもたちと親しく接するうち、心の氷は解けていきました。それは、ある日突然ではなく、しだいに解けていったのです。いま、彼はドイツ政府と残虐にふるまった人々を、完全にゆるしています。

「怒りが怒りを呼ぶ悪循環は、断ち切りたいんだ」

と、彼はきっぱりいいます。

昨年、ホロコーストを生き延びたヘンリーを含む七人が、犠牲者を追悼する夕食会に招かれ、スピーチをしました。ほとんどの人はまだ怒りを抱いており、忌まわしい過去を憎んでいると語りました。最後に、ヘンリーの番になりました。彼は、

「アメリカに移住して以来、たくさんの祝福に恵まれました。みなさんにいつも愛されていることに、とても感謝しています」

と語りました。そして、

「過去にとらわれずに、いまこの瞬間に生きる、それが大切ではないでしょうか」

と、力説したのです。

組織をゆるす

ロシアでゴルバチョフからエリツィンへ政権が交代したときから、アメリカとロシアの関係は、より安定しました。私はあるカクテルパーティーで、ロシア政府の高官から、

「現在、両国は友好関係にありますから、アメリカ政府は新しい敵を見つけなければなりませんね」

といわれました。この言葉は、なかなか鋭いところをついていると思います。エゴの信条に従うなら、私たちはいつも新しい敵を見つけなければなりません。ある人と仲直りすれば、すぐに別の争いが生じます。まるで少なくとも一人は敵がいないと、生きていかれないかのように。

アメリカ人は国税庁を憎み、敵と見なしがちです。過酷な税金の取り立てのために破産した人や事業は、枚挙にいとまがありません。政治家は国税庁の権力乱用を阻止するために新法を制定すると公約しますが、国民の怒りはおさま

らず、国税庁は他国に引っ越しを検討中とか！

国税庁に腹が立つのは、よくわかります。怒りを正当化したいなら、理由はいくらでも見つけられます。おまけに、同じような考えの人は周りにたくさんいて、同情もしてくれます。そんな状況で怒りを覚えるのは、人間としてごく自然ですから、気持ちはよくわかります。しかし、怒りにこだわりつづけると、困った状況に陥ってしまいます。

私の知人のなかには、国税庁のような組織に対する怒りを手放した人もいます。国税庁のやつらに罰を下さなければという気持ちを捨て、心静かに次の段階へ進んでいったのです。


もう一度繰り返しますが、親友をゆるすにせよ社会をゆるすにせよ、ゆるすということは、他人をひどい目に遭わせたり、殺したり、心を傷つけたりした人々に責任がないという意味ではありません。ゆるすということは、そういう行動を認めるわけではないのです。

ゆるしは何より、**否定的な思いへのこだわりを手放すプロセス**です。そして、あなた自身の心と魂を癒すプロセスなのです。

闘う相手を必要とせずに、生きることはできるでしょうか。この疑問が浮かぶたびに、私はある漫画の主人公の言葉を思い出します。

「ついに本当の敵がわかった。それは、自分自身だ」

彼がいいたいのは、過去をゆるしていまこの瞬間に百パーセント生きると、敵はいなくなるということかもしれません。

そして同時に、私たちを過去の苦しみに縛りつけていたのは、「絶対にゆるせない」という自分の心だったと、わかるのです。

軍隊をゆるす

エゴは心の葛藤《かっとう》をもたらし、どんな人や場所や組織でも、非難する口実を見つけだすことができます。その反対に、ゆるしはエゴの足かせをはずす鍵です。恨みつらみを心の奥底に押し込めていると、そんな感情が鬱積《うっせき》しているのに気づかないこともあります。

1979年、私は友人のビル・テッドフォードとともに、北カリフォルニアのトラヴィス空軍基地で、ゆるしをテーマにしたセミナーで講師をするよう依頼されました。会場に向かう途中、私はだんだん落ち着かない気分になってきました。ついに、私はビルに断って車を道ばたに止めました。話さずにはいられなかったのです。

「ビル、ぼくは軍隊に対してものすごい反感があるのに、基地で、ゆるしについてのセミナーなんてできないよ」

朝鮮戦争のころ、私は小児精神科の研修医でしたが、トラヴィス空軍基地に招集されました。それは、身の毛がよだつほどいやな体験でした。理由はともかく、人を殺したり傷つけたりすることに、絶対反対だったのです。どういう状況であれ、人を殺すことをよしとする組織のもとでは、働きたくありませんでした。

「無理に軍隊に放り込まれたことを、いまでも怒っているんだ」

と、私はビルにいいました。いまだに軍を裁く気持ちが捨てきれず、心安らかとはとてもいえなかったのです。私の心のなかでは、戦争が続いていました。

私はビルに「一緒に瞑想《めいそう》してくれないか」と頼みました。アメリカ軍に対する感情を手放し、過去の荷物はすべて下ろして、いまこの瞬間に戻りたかったのです。瞑想は、うまくいきました。まもなく私の心は安らかになり、私のワークショップも大成功をおさめました。かつて軍隊に対して抱いていた否定的な感情はすべて消えたのです。

ゆるしは自分が完全であること、そしてすべての生きとし生けるものとひとつであることを、体験させてくれます。私たちの目を開いて、あらゆる人の本質が光と愛であるという体験を与えてくれるのです。

ゆるしは妊娠と似ています。妊娠は、「妊娠しているか、妊娠していないか」のどちらかで、「ある程度妊娠している」ことはありえません。これと同じで、「ある程度ゆるす」というわけにはいきません。ゆるしは完全でなければならないのです。

ゆるせない人や状況を、違う目で見てみるといいかもしれません。過去の恨みつらみにしがみつくことに価値があるのか、それとも害になるだけか、自分に問いかけるのです。

ゆるしのプロセスには、決まった構造やかたちはありません。あなたがゆるそうとしている人は、まったく変わる必要がないのです。実際、その人は絶対に変わらないかもしれません。しかし、それでもいいのです。**必要なのはただ一つ、あなた自身の思いを変えることなのですから。**

自分をゆるす

カリフォルニア州ソーサリートの「生き方を変えるヒーリング・センター」の職員が、ハワイでダイアンと私のワークショップに参加しました。ワークショップでは、二人一組になってワークをしました。まず、二人で向きあって座ります。そして、一人が自分自身についてゆるしたいことを話します。聞く側は相手を裁かないようにせいいっぱい努め、無条件の愛を表現します。

私もこのワークに参加し、自分についてゆるしていない点を話すことになりましたが、これといって何も頭に浮かびません。けれど、ふいにぱっとひらめいて、私のパートナーである優しくて思いやりのある女性に、

「いま本を書いていて、最終的な詰めに入っているんです」

といいました。私はその進行状況を自己採点しているとは自覚していなかったのですが、そのときふいに、落第点をつけていると気づいたのです。

話し終えるころには、そのように自分を否定したことをゆるしていました。ですから、最後にパートナーが「あなたをゆるします」といったときには、その再認識といった感じでした。

そのパートナーは好奇心から、私に、

「その本は何というタイトルですか」

と尋ねました。そして、私が答えるなり、私たちは噴きだしました。それはあなたが手にしている本書、つまり『ゆるすということ』だったからです。

ゆるしについて本を書いているいまでも、誘惑や困難にぶつかります。おそらく私たちは、肉体をもって生きているかぎり、「裁きたい」とか「ゆるしたくない」という誘惑にかられつづけることでしょう。ですから、瞬間ごとに新しく選択しなおすことを、永遠に思い出しつづける必要があるのです。

まちがいなく私たちの最もすばらしい才能の一つは、心に抱く思いを選択できるということなのです。この選択の自由によって、私たちは自分でつくった檻の中から、自分自身を解放できるのです。漫画の主人公が見つけた敵、つまり自分自身と過去のこだわりという敵から、自由になれるのです。

ゆるすことで、愛の流れに身をゆだねることができます。ゆるせば、愛だけが実在すること、そして愛がすべてであり、愛はいたるところにあると思い出せます。

実在するのは愛だけで、人生の問題すべてに対する答えはただ一つ、愛なのです。

少年を打ったもの

学校や家庭で、もっと愛やゆるしが実現されるようになるなら、競争よりも協調を大切にする社会が実現するでしょう。愛とゆるしは奇跡をもたらすと信じたとき、本当に奇跡が起きます。1998年、ダイアンと私はガーナの首都、アクラの「生き方を変えるヒーリング・センター」に招かれ、西アフリカを訪れました。アクラ滞在中、センター責任者のメアリー・グロッティーが、次のような話をしてくれました。

メアリーは首都から二時間ほど離れた小学校で先生をしています。彼女は怒ったりケンカをしたりせずに友だちとコミュニケーションをとる方法について、生徒に根気よく教えていました。「ゆるすことが大切だ」といつも強調していたために、「ゆるしの先生」とあだ名がついたほどです。

この学校には、手に負えないほどわんぱくな10歳の少年がいました。誰かれかまわずケンカをふっかけ、彼が行くところ必ず何かが壊されるというありさまでした。しかし、彼は自分の行動に対して、まったく悪びれもしないのです。

ところがある日、ついに担任の先生のお金を盗もうとしたところを見つかります。校長先生はここぞとばかりに全校集会を開きました。この学校の慣例では、このような場合、少年は全校生徒の前で杖《つえ》で打たれることになっていました。見せしめにしたあと、放校処分にするのです。

全校の職員と生徒が、杖打ちがおこなわれる体育館に集まりました。少年が姿を現したとき、メアリーは立ち上がりました。「彼をゆるしましょう」といおうとしたのです。しかし、そのとたん、周りの生徒たちも飛ぶようにして立ち上がり、「ゆるそう！」と叫んだのです。

「ゆるそう！　ゆるそう！　ゆるそう！」

生徒たちは叫びつづけ、その声は体育館全体を揺るがして響きわたりました。

少年はみんなをじっと見ていましたが、やがてしゃがみ込み、すすり泣きはじめました。体育館の雰囲気は一変したのです。

結局、この少年は杖で打たれずにすみました。もちろん、放校処分にもなりませんでした。その代わり、彼はゆるされ、愛情をいっぱいもらったのです。

その日から、彼がケンカをしたり、盗んだり、何かを壊したりして、人に迷惑をかけることは、いっさいなくなりました。

校長先生が全校集会を開いて少年を杖で打つと決めたとき、「厳しすぎる」と考えた先生たちも、たくさんいました。その校長先生もゆるされ、この一連の出来事によって、もっと愛に満ちた雰囲気を育《はぐく》む新しい種が、学校に植えつけられたのでした。

「過去のよいおこない」を語る儀式

ゆるしについてのエピソードをもう一つ、ご紹介しましょう。これもアフリカの話です。

南アフリカのバベンバ族では、部族の誰かが不正をはたらいたり無責任な行動をとったりしたとき、村の真ん中に一人で座らなければなりません。もちろん、逃げられないような手だてが講じられます。

村人はみんな仕事をやめ、集まって輪になり、その人を囲みます。それから、子どもも含めた全員が一人ひとり、その人が過去にしたよいことについて話しはじめます。

その人について思い出せることすべてが、詳しく語られます。その人の長所、善行、親切な行為などのすべてを、輪になった一人ひとりが、詳しく語るのです。

村人たちは、これ以上ない誠実さと愛を込めて話します。誇張もでっち上げもゆるされません。不誠実な態度や、皮肉な態度をとる人もいません。

その人を共同体のメンバーとしていかに尊敬しているか村人全員が話し終え

るまで、この儀式は続きます。それは数日間に及ぶこともあります。最後に輪が崩されると、その人を部族に再び迎え入れるお祝いが始まります。

この儀式が美しく伝えているように、愛を中心に考えれば、ただ一体感を取り戻すことと、ゆるすことによって、過去や怖れに満ちた未来を手放せるのだと、思い出すのです。輪の中心にいる人は、悪人というレッテルを貼られて部族から追放されたりはしません。その代わり、一人ひとりが自分のなかにある愛を思い出し、周りのすべての人と一体になるのです。

きょうだいのゆるし

最もやっかいな争いや恨みは、しばしば家族のあいだにあるものです。

数年前ホノルルで講演したとき、一人の中年男性が「ちょっとお話ししたいのですが」と、私に近づいてきました。

部屋にいた人はみんなアロハやカジュアルなシャツを着ていたのに、彼だけは背広姿だったので、なんとなく医者だろうと思っていたところ、実際そうでした。彼は、

「私は弟と口論して六年間、絶交していました」

といいました。ところが、私の本『愛とは、怖れを手ばなすこと』を読んでゆるしの大切さに気づき、弟に電話する決心をしたというのです。そして、電話に出た弟に、「過ぎたことは、水に流そうじゃないか」といって、次の週に会う約束をしました。その日、昼食をともにした二人は、過去の出来事については何も語らず、和やかな話に終始したそうです。二人はお互いへの愛だけを深

く感じたのでした。

彼は私に、

「もしあなたの本を読まなかったら、あの日、弟と再会して昼食をとることはなかったでしょう」

といい、心から感謝してくれたのです。この和解には、とりわけ重要な意味がありました。二人が昼食をともにした一週間後、弟さんは交通事故で亡くなってしまったからです。

この話を聞いておよそ十年たったころ、私は体調を崩し、専門医を紹介されました。

診察室に入ると、その医者は自己紹介をして、

「私を覚えていますか」

と尋ねました。すみません、覚えていませんと白状すると、

「弟をゆるした体験を話した者です」

と、明かしてくれたのです。

私はワークショップや講演で、何千人もの人たちに彼の体験談を話していました。そこで、彼に再会し、あらためて感謝できることに、とても感動したのでした。

この章では、いろいろなゆるしの実話をご紹介しました。こうした実話が、読者のみなさんが実際にゆるすための道しるべになれば幸いです。次章では、ゆるすための心の準備と、行動のヒントをご説明します。

ゆるすためのヒント

神へのいちばんの近道は、ゆるすこと。

ゆるしは過去の傷を消す消しゴム。

死につつある人にとってだけでなく、遺《のこ》される人にとっても
最も大切なプロセスは、ゆるしかもしれない。

第7章

ゆるすための
ステップ

Stepping Stones to Forgiveness

心の安らぎだけを
目標にしよう
他人を変えたり
罰したりせずに。(*)

ゆるしの準備——信念を変える

ゆるしのための準備は、まず心を静め、日々のせわしなさから脱することから始めます。祈りは役に立つでしょう。瞑想《めいそう》をする方なら、瞑想から始めるのもいいかもしれません。

瞑想とは、心を安らかにすることにほかなりません。ハイキングをしていて、水底が見えるほど澄んだ池にさしかかった経験はないでしょうか。安らいだ心の象徴として、そんな池をイメージしましょう。

安らぎ、つまり静かで喜びと愛に満ちた状態は、心の本来の姿です。せめぎ合う思いも裁く思いもなく、怖《おそ》れもないと、心は澄みわたります。

心を安らかにしたいなら、山の澄んだ池、あるいは静けさを象徴するものを、イメージすることです。そして毎日、他人や電話にじゃまされない場所で、五分から二十分間、そのイメージに心の焦点を合わせます。

自然のなかで時間を過ごし、自然との一体感を味わうことも、すばらしく助けになるでしょう。ただじゃまされずに、静かに過ごすだけでいいのです。テレビもラジオも消し、おしゃべりもやめます。電話線も抜いておくといいでしょう。身の回りを静かにすると、ゆるしに対して、いままでとは異なる見方を受け入れられるようになります。


この章では、これまで話してきたゆるしの原則をリストにしました。

「うわ、こんなにたくさん！」と驚かないでください。

どうぞ自分に優しく、寛大に。他人と競争したり、進歩に得点をつけたいという誘惑には、負けないでください。くつろいでありのままの自分でいられる方法を見つけ、それを大切にすることです。

リストの原則を読み返すときは、心を開くよう努めてください。ここに掲げる考えに異議を唱えてもかまわないし、拒否してもかまわないことを、忘れないでください。

ゆるしは選択です。ゆるさなければならないという決まりはありませんし、ゆるしの意義を信じる必要もないのです。ただ、ゆるすかゆるさないかは自分の心に決めさせて、ゆるすと何が起きるか、ゆるさないと何が起きるかを、じっくり観察してください。

- 心を開き、「ゆるしについて、もっと違う見方ができるかもしれない」と考える。

- 「人間は単なる肉体ではなくスピリチュアルな存在で、肉体は仮の宿だ」と考える。
- 「生命と愛は同じもので、永遠かもしれない」と思いを巡らす。
- 「自分を哀れんでも無意味だ」と知る。
- 「あら探しは無意味だ」と知る。
- 「正しさ」より「幸せ」を選ぶ。
- 被害者としてふるまうのをやめる。

- 心の安らぎだけを、目標にする。
- 出会う人みんなを、ゆるしを教えてくれる教師と見なす。
- 「恨みつづけたり、絶対にゆるさないと決めつけると自分が苦しいだけだ」と考える。
- いま、この瞬間の心の苦しみは、自分自身の思いが生みだしていると認める。
- 「心に浮かべる思いは、自分で選べる」と信じる。
- 「怒りにしがみついていると、本当の望みはかなわない」と信じる。

- 何かを決めるときは、怖れでなく愛に基づいて決める。何よりも自分自身のために。
- 「自分を罰するなんて無意味だ」と考える。
- 「私は幸せになる権利がある」と信じる。
- 「相手は私を攻撃したのではなく、恐怖におびえて愛を求めているのだ」と考える。
- 出会う人みんなのなかに、無邪気な子どもの光を見いだす。見かけがどうであろうと、どんなひどいことをした人であろうと。

- 自分のなかに無邪気な子どもの光を見いだす。
- 過去の傷ではなく、恵みを数える。
- 裁きの思いを手放すとどんなすばらしいことがあるか、探す。
- 「愛はこの世で最もすばらしい特効薬だ」と信じる。
- 出会う人すべてを、忍耐を教えてくれる教師と見なす。
- 「ゆるしが幸せの鍵だ」と信じる。

●「記憶を消す霊薬」で、愛された記憶以外を消し去れると信じる。

●すべての出会いが神聖だと理解する。目の前にいる人を、イエス、仏陀《ぶつだ》、モハメド、マザー・テレサなど、賢明でスピリチュアルな教師と見なす。表面的にはどうであれ、すべての出会いを神聖なものと見なし、何かを学ぶ機会としてふるまう。

●「他人や自分を傷つけたり罰したりするのは無意味だ」と考える。ゆるしの目的は他人を変えることではなく、心のなかでせめぎ合う否定的な思いを変えることだと思い出す。

ゆるしの実践――ゆるしを選ぶ

ゆるす能力を高めるキーワードは、「意欲」です。ゆるしを実践するときは、自分自身に「私はすべての恨みや、一見もっともな怒りを、自分のなかの最高の真実にゆだねる」と自信をもって言いましょう。最高の真実とはあなたの根源を意味します。これは、高次の存在とか神など、どう呼んでもかまいません。やがて、怒りは愛に変わります。高次の存在に助けを求め、怒りを愛に変えるのは、あなたの意欲にかかっています。

- 「ゆるしたくない」という思いはブーメランのように自分に返ってくる。そんな苦しみとはさよならすると決意する。

- ゆるしたい人に手紙を書く。心のうちをありのままに書き、投函《とうかん》せずに破り捨てる。

- 詩を書くのも、ゆるしに役立つかもしれない。思っていること、感じていることを、飾らずぞんぶんに表現する。

- ゆるしとはただ心の安らぎだけが目標であり、他人を変えたり罰したりすることではないと、理解する。

- 自分を傷つけた人を、ゆるしとは何かを教えてくれる最良の教師と見なす。

- 他人をゆるすとき、実は自分がゆるされているのだという真実を思い出す。

- 自分のためだけでなく他人のためにも祝福し、祈り、そのことを大切に考える。
- ゆるすことは、その人の行動に同意するのでも、人を傷つける行動を肯定するのでもないということを、思い出す。
- ゆるしがもたらす喜びと心の安らぎを楽しむ。

ゆるすためのヒント

稳やかさと優しさは、ゆるしのきょうだいだ。

ゆるせば、人生の重荷がうんと軽くなる。

ゆるしには、早すぎることも遅すぎることもない。

エピローグ

一人ひとりがゆるすことによって、愛をさえぎる障害を取りのぞくことができれば、私たちは想像できないほどの喜びと平和と幸せを味わうでしょう。ゆるしは、神と愛と幸せに続く橋です。ゆるしという橋を渡れば、罪悪感、責める気持ち、恥じる気持ちに、別れを告げることができます。ゆるしは、「愛とは怖《おそ》れを手放すことだ」と教えます。

ゆるしはあなたの周りを清らかにし、心と魂を浄化します。ゆるすことで、聖なるものすべてとつながることができるのです。ゆるしによって、私たちは自分たちより偉大な存在とつながり、想像や理解を超えた存在と絆《きずな》を結べます。そして、生命の神秘に、安らかな心で向きあえるのです。ゆるしは、私たちがこの地球に生をうけた目的を達成する第一歩です。

愛だけを教えなさい。
私たちの本質は、愛なのだから。

最後に、1998年、ボスニアで私が書いた詩を紹介しましょう。このときダイアンと私は「宗教指導者・霊的指導者のための、ゆるしと和解」というワークショップをおこなったのですが、その会場に向かう途中で書いたのです。

本書で述べたゆるしの原則を思い出せるよう、週に一度ぐらい目を通すのもいいでしょう。

ゆるすということ

ゆるすことは
幸せになるための処方箋《せん》
ゆるさないことは
苦しむための処方箋

苦しみの原因が何であれ
苦しみにはすべて
「ゆるさない」
という種が
宿っていないだろうか？

復讐《ふくしゅう》の念を燃やしつづけ
愛や共感を出し惜しみすれば
健康を害し
免疫が低下することは
まちがいない

当然だと思われるような怒りでも
こだわりつづけていれば
神の安らぎを味わえなくなる

ゆるしとは

その行為をよしとすることではない
残虐な行動を
見逃すことではない

ゆるしとは
怖れに満ちた過去に
こだわりつづけるのをやめること

ゆるしとは
古傷を引っかいて
血を流しつづけるのをやめること

ゆるしとは
過去の影に惑わされることなく
いまこの瞬間に
百パーセント生き
百パーセント愛すること

ゆるしとは
怒りからの解放であり
攻撃的な思いにさよならすること

ゆるしとは
誰に対しても

愛を拒まないこと

ゆるしとは
ゆるさないという思いから生じた
心の空洞を癒《いや》すこと

ゆるしとは
過去に何をした人でも
すべての人のなかに
神の光を見ること

ゆるしとは、相手のためだけでなく

自分自身のためであり
自分が犯したまちがいのためであり
くすぶりつづけている罪悪感と
自分を恥じる気持ちのためである

最も深い意味でのゆるしとは
愛に満ちた神から自らを
切り離してしまった自分を、ゆるすこと

ゆるしとは
神をゆるすことであり
神は自分を見捨てたという

おそらくはまちがっている考えを
ゆるすこと

いまこの瞬間にゆるすということは
もう先延ばしせずに
ただゆるすこと

ゆるしは心の扉を開け
感情をスピリットと一体にし
すべての人と一体にし
すべての人を神と一体にする

ゆるすのに
早すぎることはない
遅すぎることもない

ゆるすにはどれだけの時間が
必要だろうか？

それはあなたの価値観しだい

絶対に無理だと信じるなら
絶対に起こらない

半年かかると信じるなら
半年かかる

一秒ですむと信じるなら
一秒ですむ

私は心から信じている
一人ひとりが
自分も含めてすべての人を
完全にゆるせるようになったとき
世界は本当に平和になるということを

訳者あとがき

『ゆるすということ』の訳者あとがきを書くことになって、さて、何から書き出したらよいものやらと考えていました。車のラジオのスイッチをひねった瞬間、ローマ法王ヨハネ・パウロ二世が過去二千年にわたってカトリック教会が犯した罪について「ゆるしを人々に求めた」とのニュースが飛び込んできたのです。「私たちはゆるされなければならない。そして、ゆるしを請わねばならない」と法王は述べていました。

「ゆるしがなぜそれほどまでに重要なの？」と疑問を抱く人もいるかもしれません。この質問に最も説得力のある答えを出してくれるのは、この本の著者ジェリーではないかと、私は思います。二十年来の畏友《いゆう》であるジェリーは『A

Course in Miracles』にインスピレーションを受け、「生き方を変えるヒーリング・センター」を創設し、人々に愛を説いてきた人です。その根本にあるのは「ゆるし」であると、ジェリーはこの本でも熱く語っています。

『A Course in Miracles』の中の次の言葉がすべてを集約しているのではないでしょうか。〝安らぎを求める者は、完全なゆるしによってのみそれを見つけることができる〟。〝安らぎ〟とは幸せと同義語です。物があろうとなかろうと、健康であろうとなかろうと、美人であろうとなかろうと、幸せの鍵を握っているのは「ゆるし」です。

私と妻のジャネットは、幼い子どもを相次いで二人亡くすという体験をしました。そのとき、幸せを想像することなど不可能などころか、死んだ子どもに申し訳なく、どうしていいかわかりませんでした。しかし『A Course in Miracles』を通じて「ゆるし」を実践することで、いまでは信じられないような安らぎ、幸せ、そして感謝の気持ちでいっぱいです。「ゆるし」は本当に特効薬です。しかも、これ以上ないくらい簡単なのです。その気持ちになりさえすれば、すべてがあっというまに変わります。具体例や方法は、本書を読めばおわかりになるはずです。1999年の九月にハワイはオアフ島の海辺の家でジェリーに会ったとき、この本を手渡されました。そのときは、本書のメッセージがこれほどの力をもっているとは、正直いって、想像もつきませんでした。

最後に、本書を執筆することによってメッセージを伝えるだけでなく、文字どおり、その〝言葉を生きている〟ジェリー、翻訳のお手伝いをしてくださった矢鋪紀子さん、サンマーク出版編集部の武田伊智朗さん、パートナーのジャネット、そして、この本を手にとってくださっている読者のあなた、本当にありがとう。心から感謝します。

大内 博

解説にかえて
かつてないほど「ゆるし」が必要とされる時代

ゆるすという選択が、自分の人生にどれだけ大きな恩恵をもたらすのか、それを知れば誰もが、ゆるすことを人生の最優先課題にすることでしょう。

私たちはゆるすことによって、心の中でつづけてきた闘いを終わらせることができます。そして、過去の呪縛から自分を解き放ち、今この瞬間の安らぎを手に入れることができるのです。

そのことについて、ジャンポルスキー博士のこの本ほど、やさしく、あたたかく、力強く教えてくれる本はないでしょう。

私も、「ゆるし」をテーマにした本としては『鏡の法則』（総合法令出版）と

『完全版 鏡の法則』（サンマーク出版）の二冊を上梓しています。その読者から寄せられた感想を読みますと、ゆるせないことで辛《つら》い思いをしてこられた方がたくさんいらっしゃることを痛感します。

また、ゆるすことで苦しみから解放された方たちの言葉に触れるたびに、今の時代、「ゆるし」こそがきわめて重要なキーワードであることを確信します。

現代において、インターネット上には誹謗《ひぼう》中傷の言葉があふれています。有名人の失言やスキャンダルに対して、容赦のない言葉が浴びせられます。対象となるのは有名人だけではありません。報道された事件の登場人物を攻撃したり、SNSでつながっている人を罵倒したりするケースも見られます。

その中でよく出てくるのが「ゆるせない」という言葉です。自分が直接不利益を被ったわけではなく、当事者と関係があるわけでもないのに、「これをゆるしてはならない」という正義感に駆《か》られ、怒りの感情をのせて攻撃するのです。
また、そういった誹謗中傷のメッセージに多くの人が同調し、拡散して炎上することもあります。「ゆるせない」というエネルギーが、すごい勢いで感染し広がっていっているようです。

このような時代を生きる私たちが、「ゆるせない」ウイルスに感染することなく、安らぎに満ちた人生を実現するためには、意識的に「ゆるす」という選択をし続けていくことは欠かせないことだと思います。そして、そんな私たちの選択をガイドし支え続けてくれる心強いパートナーが、この本です。

冒頭に紹介してあるエピソードも示唆に富んでいます。道ばたに捨ててある空き缶を見て、ジャンポルスキー博士の心に怒りが湧いてきた話です。そこで博士は、誰かの非を裁くのをやめ、戻って空き缶を拾いましたね。そしてそのことによって、安らぎと喜びを味わうことができました。

博士は、「人を裁く気持ちは、自分自身を裁く気持ちの投影である」と述べています。人に対して「ゆるせない」という思いを持つとき、実は私たちは自分自身のことをゆるしていないのです。

弱い自分、できないことがいくつもある自分、不完全な自分、そんな自分を「こんな自分じゃだめだ」と裁いていると、私たちは他者のことも裁くようになります。

一方、他者をゆるすことができると自分をもゆるすことができ、闘いと苦しみの過去から解放されます。また、自分をゆるすことができると他者に対しても寛容になり、心が安らぎに満たされます。

自分をゆるすことと他者をゆるすことはつながっていて、相乗効果で私たちに幸せをもたらしてくれるのです。

私もこれからの人生で、ゆるしと安らぎを選択し続けていきたいと思っています。折にふれて、この本を何度も読み返すことになるでしょう。

この本を世に出してくれたジャンポルスキー博士に心から感謝します。

『完全版 鏡の法則』著者
野口嘉則

本書は小社より単行本（2000年5月）、
および文庫本（2006年6月）で刊行された
『ゆるすということ』を加筆、再編集したものです。

First published by Beyond Words Publishing, Inc.,
Portland, Oregon.www.beyondword.com.
Japanese translation rights arranged
through Sylvia Hayse Literary Agency, LLC

著者　ジェラルド・G・ジャンポルスキー（Gerald G.Jampolsky）
スタンフォード大学医学部卒。国際的に有名な精神医学者。1975年に「生き方を変えるヒーリング・センター」（Center for Attitudinal Healing）を設立、現在では世界30か国以上に広がっている。代表作『愛とは、怖れを手ばなすこと』（サンマーク出版）は全米で100万部突破、ほかに『やすらぎ療法』（春秋社）など著書多数。作家、セラピストである妻のダイアン・シリンシオーネとともに世界40か国以上で講演活動などをおこなった。2020年没。

訳者　大内 博
1943年福島県生まれ。元玉川大学文学部教授。上智大学外国語学部英語学科卒業後、米国政府の東西文化交流センター留学生として米国留学、第二言語としての英語教育修士課程修了。著書に『コミュニケーションの英語』（講談社）、『「言葉の波動」で生き方が変わる』（共著、大和出版）、訳書に『プレアデス＋かく語りき』（ナチュラルスピリット）、『愛への帰還』（太陽出版）、『コナン・ドイル 人類へのスーパーメッセージ』（講談社）などがある。2013年没。

新版 ゆるすということ

2024年７月10日　初版印刷
2024年７月20日　初版発行

著　者　　ジェラルド・G・ジャンポルスキー
訳　者　　大内 博
発行人　　黒川精一
発行所　　株式会社 サンマーク出版
〒169-0074 東京都新宿区北新宿2-21-1
電話 03(5348)7800(代表)
印刷・製本　中央精版印刷株式会社

定価はカバー、帯に表示してあります。
落丁、乱丁本はお取り替えいたします。
ISBN978-4-7631-4151-4　C0030
ホームページ　https://www.sunmark.co.jp